DURCH STARTEN

ENGLISCH
TEXTSORTENTRAINING

ÜBUNGSBUCH

9 bis 13

Verfasserinnen: Nicole Eisinger-Müllner, Julie Eiwen

Entspricht der Rechtschreibreform 2006

Bibliografische Information der Deutschen Bibliothek:
Die Deutsche Bibliothek verzeichnet diese Publikation in der
Deutschen Nationalbibliografie; detaillierte bibliografische Daten
sind im Internet über http://dnb.ddb.de abrufbar.

VERITAS-VERLAG, Linz
Alle Rechte vorbehalten,
insbesondere das Recht der Verbreitung
(*auch durch Film, Fernsehen, Internet,
fotomechanische Wiedergabe, Bild-,
Ton- und Datenträger jeder Art*) oder
der auszugsweise Nachdruck
Auf umweltfreundlichem Papier gedruckt bei:
siehe https://produkt.veritas.at/42615#additional

www.veritas.at
Lektorat: Klaus Kopinitsch
Bildredaktion: Alexandra Rittberger
Textredaktion: Bianca Wögerbauer
Layout und Satz: Breiner&Breiner, Maria Theresia / Sollenau
Umschlagillustration: Stefan Stratil, Wien
Herstellung: Kathrin Schager

4. Auflage 2022   ISBN 978-3-7101-2733-5

Jetzt E-Book auf
www.scook.at
aktivieren!

Zusätzliche Materialien zum Übungsbuch im **E-Book**!
Aktuelle Infos zur Aktivierung unter:
www.scook.at/materialien

VER**I**TAS
Gemeinsam besser lernen

Inhalt

ARBEITEN MIT DIESEM BUCH

Dieses Buch soll dir dabei helfen, dich optimal auf den schriftlichen Teil der standardisierten Reife- und Diplomprüfung (AHS/BHS) aus Englisch vorzubereiten. Du findest hier alle wichtigen Informationen rund um diese Prüfung. „Durchstarten Englisch Textsortentraining" ist in zwei Teile gegliedert:

ERSTER TEIL

Hier geht es darum, welche Textsorten dich bei deiner schriftlichen Reifeprüfung erwarten. Du erfährst auch, worauf du besonders achten sollst und wie du mit den Angaben umgehen musst. Des Weiteren wird dir der Beurteilungsraster *(Assessment Scale)* erklärt und du erfährst, nach welchen Kriterien deine Arbeit von deiner Lehrerin/deinem Lehrer beurteilt wird.

ZWEITER TEIL

Im zweiten Teil steht das praktische Arbeiten mit den insgesamt sechs verschiedenen Textsorten im Vordergrund. Die einzelnen Kapitel dazu sind immer nach dem gleichen Prinzip aufgebaut:

ERARBEITEN	ÜBERARBEITEN	VERARBEITEN

➡ Zuerst lernst du jede Textsorte genau kennen. Du erfährst nicht nur, worauf du besonders achten musst, sondern auch, wie du die Aufgabenstellung optimal bearbeiten kannst.

➡ Anschließend wird dir anhand der „Schritt-für-Schritt-Anleitung" genau erklärt, wie die jeweilige Textsorte aufgebaut ist. Zusätzlich erhältst du nützliche Formulierungshilfen, die dir beim Verfassen deiner Texte helfen können.

➡ Dein neu gewonnenes Wissen kannst du im Anschluss ausprobieren, indem du einen fehlerhaften Text überarbeitest. Dazu gibt es einen Lösungsvorschlag und einen fertigen Mustertext.

➡ Abschließend gibt es noch genügend Übungsbeispiele, damit du eigene Texte schreiben kannst. Die Angaben entsprechen jenen bei der schriftlichen Reife- und Diplomprüfung. Zu allen Übungsbeispielen findest du jeweils einen Mustertext im Lösungsteil.

WAS DU ÜBER DIESES BUCH WISSEN SOLLTEST

Aufgabenstellungen   Sind immer grün unterlegt und genauso aufgebaut wie bei deiner Prüfung.

Übungen   Sind immer grau unterlegt und zeigen dir an, dass du nun an der Reihe bist.

W!CHTIG   Hier wird etwas besprochen, was besonders wichtig ist.

 **Tipps**   Hier erhältst du Tipps, die dir beim Verfassen deiner Texte helfen.

E-Book   Lösungen, Lösungsvorschläge und fertige Mustertexte zu den Übungen findest du in deinem E-Book. Über die im E-Book bei jeder Übung angelegte Klickstelle ⋯ kannst du die jeweilige Lösung einzeln abrufen, oder du öffnest das komplette Lösungsheft über die Klickstelle auf dieser E-Book-Seite.

Key: 761

Über den QR-Code bzw. Content Key kannst du gratis das komplette Lösungsheft auf dein Smartphone oder deinen PC laden (http://ds-textsortentrainingenglisch.veritas.at), siehe Umschlagseite 2.

Wir hoffen, dieses Buch ist dir eine perfekte Vorbereitung auf deine schriftliche Englisch-Reifeprüfung!

DIE SCHRIFTLICHE REIFE- UND DIPLOM- PRÜFUNG AUS ENGLISCH

KOMPETENZBEREICHE

Die standardisierte schriftliche Reife- und Diplomprüfung aus Englisch (**Zentralmatura**) setzt sich aus folgenden Kompetenzbereichen und 4 (AHS) bzw. 3 (BHS) Prüfungsteilen zusammen:

AHS

Kompetenzbereich	Prüfungsteil	Dauer	Teilaufgaben	Gewichtung
rezeptiv	Leseverständnis	60 Minuten	4	1/4
rezeptiv	Hörverständnis	B1: max. 40 Minuten B2: max. 45 Minuten	4	1/4
produktiv	Sprachverwendung im Kontext	45 Minuten	4	1/4
produktiv	Schreiben	B1: 125 Minuten B2: 120 Minuten	2	1/4

BHS

Kompetenzbereich	Prüfungsteil	Dauer	Teilaufgaben	Gewichtung
rezeptiv	Leseverständnis	60 Minuten	4	1/4
rezeptiv	Hörverständnis	B1: max. 40 Minuten B2: max. 45 Minuten	4	1/4
produktiv	Schreiben	B1: 200 Minuten B2: 195 Minuten	3	1/2

https://www.srdp.at/schriftliche-pruefungen/lebende-fremdsprachen/allgemeine-inf (Stand: 15.12.2017)

B2: Englisch als erste Fremdsprache (achtjährig)
B1: Englisch als zweite Fremdsprache (sechs- oder vierjährig)

In der AHS sind die vier Kompetenzbereiche mit je 25% gleich gewichtet.
In der BHS sind die Prüfungsteile „Leseverständnis" und „Hörverständnis" mit je 25% und „Schreiben" mit 50% gewichtet.
Insgesamt musst du mindestens 60% erreichen, um positiv beurteilt zu werden und darfst dabei in beiden Kompetenzbereichen (rezeptiv und produktiv) nicht weniger als 50% erzielen.

W!CHTIG

In der **AHS** darfst du während der gesamten Prüfungsdauer **keine Hilfsmittel** (z. B. **Wörterbuch**) verwenden. In der **BHS** hingegen darfst du im Prüfungsteil „Schreiben" ein **Wörterbuch verwenden**.

DER PRÜFUNGSTEIL „SCHREIBEN"

AHS

- ▶ In der **AHS** bekommst du **zwei Schreibaufträge** (zwei unterschiedliche Textsorten), welche du verpflichtend nehmen musst. Es gibt daher keine Wahlmöglichkeit. Folgende Textsorten kannst du erwarten:

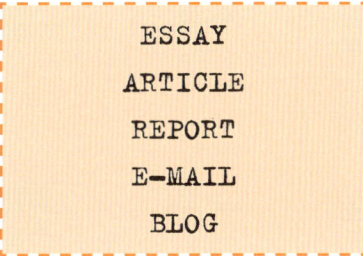

ESSAY

ARTICLE

REPORT

E-MAIL

BLOG

- ▶ Für beide Schreibaufträge zusammen stehen dir **120 Minuten** an Arbeitszeit zur Verfügung.

- ▶ Insgesamt musst du ca. 650 Wörter schreiben, wobei die Textsorten *article, report* und *blog* 250 oder 400 Wörter beinhalten können, die Textsorte *essay* hingegen immer eine Länge von 400 Wörtern umfasst. Die Textsorte *e-mail* weist stets eine Länge von 250 Wörtern auf. Du musst immer einen kürzeren (250 Wörter) und einen längeren Text (400 Wörter) schreiben.

BHS

- ▶ In der **BHS** bekommst du **drei Schreibaufträge** (drei unterschiedliche Textsorten), welche du verpflichtend nehmen musst. Folgende Textsorten kannst du erwarten:

ARTICLE

REPORT

E-MAIL/LETTER

BLOG

LEAFLET

- ▶ Für alle drei Schreibaufträge stehen dir zusammen **195 Minuten** an Arbeitszeit zur Verfügung.

- ▶ In der BHS gibt es keine definierte Gesamtwörteranzahl. In der Regel musst du insgesamt ca. 650 bis 800 Wörter schreiben. Die jeweiligen Textsorten umfassen ca. 250 Wörter.

DIE TEXTSORTEN IM ÜBERBLICK

Auf den Seiten 8 und 9 ist die vom **BMB** (**B**undes**m**inisterium für **B**ildung) veröffentlichte Übersicht über die Charakteristika der Textsorten, die du bei der Zentralmatura erwarten kannst, abgedruckt. Diese Übersicht ist eine nützliche Orientierungshilfe, die dir erste Anhaltspunkte geben kann, was man bezüglich der jeweiligen Textsorten von dir erwartet.

Übersicht Charakteristika Textsorten lebende Fremdsprachen (SRP/AHS, SRDP/BHS)[1]

Stand: August 2017

	Essay (erste lebende Fremdsprache AHS)	Artikel	Bericht
allgemeine Definition	relativ kurzer Aufsatz, in dem ein Thema aus eingeschränkter (in Bezug auf Länge) und oft persönlicher Perspektive behandelt wird	schriftlicher Text zu einem bestimmten Thema; bildet einen selbstständigen Teil eines Buchs oder einer anderen Publikation, etwa einer Zeitschrift oder Zeitung (online oder gedruckt)	Darstellung eines bestimmten Sachverhalts in Form eines (offiziellen) Dokuments nach eingehender Untersuchung oder Überlegung durch eine ernannte Person oder Personengruppe
Zweck/Funktion	die Leserschaft von einem Standpunkt überzeugen; die Leserschaft informieren, einen Sachverhalt/ein Problem darstellen; Standpunkte gegeneinander abwägen	die Leserschaft informieren/überzeugen/unterhalten/fesseln	über Tatsachen, Ereignisse, Projekte, Forschung etc. berichten; kann auch eine abschließende Empfehlung enthalten
Leserschaft	Jury, Lehrer/in (Schulkontext)	Leserschaft einer bestimmten Zeitschrift, einer Zeitung, eines Buchs oder einer Website	Entscheidungsträger/in (z. B. eine Vorgesetzte/ein Vorgesetzter oder eine Institution)
Layout (visuell)	• Titel • (erkennbare) Absätze	• Titel • (erkennbare) Absätze	• Autor/in • Thema/Betreff • Datum • Absätze • Untertitel • Zwischenüberschriften

Aufbau	(ist kulturspezifisch; hier am Beispiel Englisch)
	• Titel: nennt das Thema und stellt den Bezug zur Aufgabenstellung her
	• Einleitung: leitet das Thema ein und nennt die Kernaussage/These
	• Hauptteil: entwickelt Ideen in Bezug auf die Kernaussage
	  ein Absatz für jedes Argument
	  jedes Argument beginnt mit einem Einleitungssatz, durch Details oder Beispiele gestützt
	• Konklusion: fasst die Position der Autorin/des Autors noch einmal zusammen
		• Titel: plakativ
		• Beginn: soll die Aufmerksamkeit der Leserin/des Lesers auf sich ziehen, zum Weiterlesen anregen
		• ein neuer Absatz für jeden Hauptpunkt passende Beispiele
		• Aspekte/Ideen, die für die Leserschaft relevant sind
		• Schluss: z. B. eine Zusammenfassung
			• Betreffzeile: bezieht sich auf den Inhalt des Berichts
			• kurze/r Einleitungssatz/-sätze, der/die folgende Fragen beantworten: Was? Warum? Für Wen?
			• ein (oder mehrere) Absätze für jeden Hauptpunkt, mit klaren Absatzüberschriften, die erklären, worum es in dem Absatz geht
			• Schluss: z. B. eine Zusammenfassung/Schlussfolgerung/Empfehlung

Register	• formell/neutral	• formell/neutral/persönlich (abhängig von Leserschaft)	• formell/neutral
stilistische Aspekte	• Leser/in wird nicht direkt angesprochen • keine Kontraktionen (Englisch)	• rhetorische Fragen können verwendet werden • Leser/in kann direkt angesprochen werden oder durch indirekte Mittel zum Weiterlesen des Texts bewegt werden	• keine Kontraktionen (Englisch) • sachlich • präzise

[1] Diese Übersicht ist eine Orientierungshilfe für Lehrer/innen und Schüler/innen, die Anhaltspunkte für die Vorbereitung auf die standardisierte schriftliche Reife- und Diplomprüfung (SRDP) im Bereich der lebenden Fremdsprachen geben soll. Sie beschreibt die Textsorten, wie sie derzeit (Stand August 2017) entwickelt und feldgetestet werden.

https://www.srdp.at/downloads/dl/uebersicht-charakteristika-textsorten-lebende-fremdsprachen

	Blog	E-Mail²	Broschüre (BHS)
allgemeine Definition	ein Text in einem Blog im Internet gepostet, entweder unabhängig oder als Antwort auf einen vorangehenden Eintrag	eine (digitale) Botschaft an eine oder mehrere Personen im privaten oder beruflichen Umfeld (BHS: interne und externe Kommunikation)	Werbe- oder Informationsmaterial, das an eine Zielgruppe verteilt/verschickt wird
Zweck/Funktion	**persönlich:** z. B. Meinungen ausdrücken, informieren, Erlebnisse/Erfahrungen mitteilen **oder** einen vorangehenden Eintrag kommentieren bzw. darauf reagieren; **beruflich (BHS):** z. B. Kundinnen/Kunden, Geschäftspartner/-innen oder Mitarbeiter/innen informieren; den Bekanntheitsgrad einer Firma/ eines Betriebs steigern; Imagepflege	Informationen/Rat/Hilfe geben oder erbitten, sich beschweren, sich bewerben etc. BHS: auch einen Geschäftsfall abhandeln	Werbung machen; die Leserschaft informieren
Leserschaft	**persönlich:** Freund-innen/Freunde, Gleichgesinnte bzw. Interessierte **beruflich (BHS):** Kundinnen/Kunden, Mitarbeiter/innen, Geschäftspartner/innen	eine bestimmte Person oder Personengruppe	mögliche Interessentinnen/Interessenten
Layout (visuell)	**Blogeintrag** ▪ Benutzername ▪ Titel **Blogkommentar** ▪ Benutzername ▪ E-Mail-Adresse	▪ Empfänger/in ▪ Absender/in ▪ Betreff ▪ Datum (Brief) ▪ Anrede ▪ Absätze ▪ Verabschiedung	▪ Titel (fakultativ) ▪ (erkennbare) Absätze (können Überschriften enthalten) ▪ Nummerierungen und Schlagwörter (fakultativ)
Aufbau	▪ Einleitung ▪ Hauptteil (in Absätze gegliedert) ▪ Schluss ▪ sich auf den vorigen Eintrag beziehen ▪ Hauptteil (in Absätze gegliedert) ▪ Schluss	▪ Betreffzeile bezieht sich auf den Inhalt des E-Mails/Briefs ▪ Grund des Schreibens wird genannt ▪ Bezugnahme auf vorhergehenden Kontakt (fakultativ) ▪ ein neuer Absatz für jeden Hauptpunkt ▪ Hervorheben wichtiger Informationen und eventuell notwendiger Handlungen ▪ Schlusszeile (fakultativ) ▪ Verabschiedung	▪ plakativer Titel ▪ aussagekräftige Absatzüberschriften
Register	▪ persönlich/neutral (abhängig von Leserschaft)	▪ formell/neutral/persönlich (abhängig von Empfänger/in)	▪ formell/neutral/persönlich (abhängig vom Zielpublikum)
stilistische Aspekte	▪ hängen von Inhalt und Leserschaft ab ▪ interaktive Elemente (Leserschaft wird angesprochen)	▪ Empfänger/in wird direkt angesprochen	▪ überzeugende Sprache, um Inhalt informativ, interessant und ansprechend zu präsentieren ▪ Leser/innen können direkt angesprochen werden

² E-Mail für alle Schultypen, für BHS zusätzlich Brief

https://www.srdp.at/downloads/dl/uebersicht-charakteristika-textsorten-lebende-fremdsprachen

ARBEITSAUFTRÄGE (BULLET POINTS UND FUNCTION WORDS)

Beim Kompetenzbereich SCHREIBEN findest du in den Aufzählungen (= *bullet points*) immer so genannte *function words* – das sind konkrete Anweisungen darüber, was genau du zu tun hast. Dabei handelt es sich immer um Verben wie z.B. *analyze*, *explain* oder *suggest*. In der folgenden Übersicht findest du gängige Anweisungen, die bei Reifeprüfungen bereits gegeben wurden bzw. gegeben werden können.

Anweisung *(function word)*	Was ist zu tun?
analyze	Du musst einen Sachverhalt kritisch betrachten.
argue for/against	Du musst Argumente für oder gegen einen Standpunkt vorbringen.
ask/ask for/ask politely	Du fragst (höflich) nach etwas.
assess	Du bewertest, untersuchst etwas oder ziehst eine Schlussfolgerung.
comment	Du musst deine Meinung zu einem Sachverhalt oder deine Reaktion darauf zum Ausdruck bringen.
describe	Du musst einen wichtigen Teilbereich eines Sachverhalts in eigenen Worten und im Detail wiedergeben.
discuss	Du musst einen Sachverhalt genauer prüfen und eventuell bewerten. (ähnlich: *consider*)
explain	Du musst einen Sachverhalt genau betrachten und erklären.
give your opinion/reasons	Du musst deine Argumente, deine Meinung, deine Schlussfolgerung etc. schlüssig begründen.
give possible solutions	Du machst Lösungsvorschläge.
inform/provide information	Du musst den Leserinnen und Lesern sachliche Informationen zu einem Thema liefern.
outline	Du musst die wesentlichen Aspekte eines Sachverhalts nennen, ohne dich dabei in Einzelheiten zu verlieren.
persuade	Du musst jemanden durch Argumente dazu bringen, etwas zu glauben oder zu tun.
point out	Du musst bestimmte Aspekte eines Sachverhalts hervorheben und erklären.
present (details ...)	Du musst Daten, Fakten, Ergebnisse und dergleichen, die oft als Graphik oder Tabelle vorliegen, in Worten darstellen.
recommend	Du musst Empfehlungen in Bezug auf einen Sachverhalt abgeben.
state	Du gibst etwas an, du erklärst etwas.
suggest	Du musst selbst Vorschläge unterbreiten, entweder aufgrund deiner persönlichen Erfahrung oder deines Wissensstandes in Bezug auf einen Sachverhalt.
summarize	Du musst die wesentlichen Aspekte eines Sachverhalts in knapper Form zusammenfassen.

AUFGABENSTELLUNGEN

Wenn du dir die Angaben des Reifeprüfungstermins Mai 2017 für den Prüfungsteil Schreiben ansiehst, kannst du gut nachvollziehen, wie eine Aufgabenstellung aufgebaut ist:

AHS – Aufgabenstellung 1:

The *International Red Cross* suggests that young people do a compulsory First Aid course at the age of 14. It wants to know what people all over Europe think about this idea and asks for essays to be sent in. The most interesting essays will be published on their website.

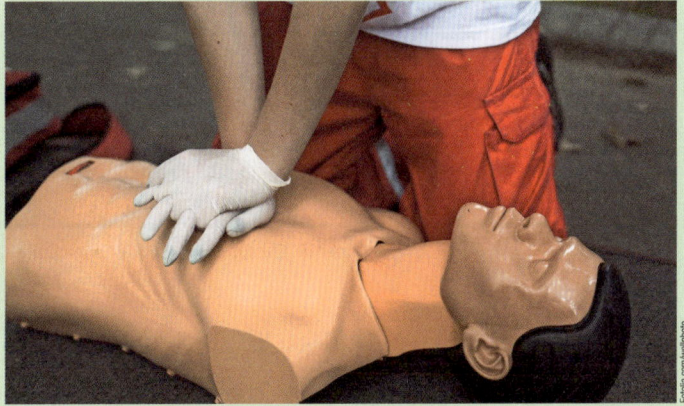

You have decided to send in an essay arguing **for or against** the idea of a compulsory First Aid course for 14-year-olds.

In your **essay** you should discuss:

- why 14-year-olds would or would not like this idea
- reasons why the state should or should not pay for these courses
- people's reactions to 14-year-old first-aiders

Give your essay a **title**. Write around **400 words**.

https://www.srdp.at/downloads/dl/haupttermin-201617-englisch-ahs-schreiben-b2 (Stand: 15.12.2017)

BHS – Aufgabenstellung 3:

In job interviews, companies are often more interested in a candidate's experience abroad than in school grades. Many students, however, find it difficult to decide whether a year abroad after school is a good idea or not. *Working Teens*, an international online magazine for students, wants to publish an article to help students decide. They have invited their readers to send in an article. The best one will be published on the magazine's website.

You have decided to send in an article. In your **article**, you should:

- give reasons why experience is often more important than grades
- describe disadvantages of spending a year abroad
- suggest ways in which students can spend a year abroad

Give your article a **title**. Write around **250 words**.

https://www.srdp.at/downloads/dl/haupttermin-201617-englisch-hak (Stand: 15.12.2017)

Die **Aufgabenstellungen** sind immer nach dem gleichen Muster aufgebaut:

1. Situation

Zuerst bekommst du eine Situation vorgegeben. Du erfährst, aus welcher Situation heraus du welche Textsorte schreiben musst. Im AHS-Beispiel wird von dir verlangt, dass du dir vorstellst, das Internationale Rote Kreuz möchte verpflichtende Erste-Hilfe-Kurse für alle 14-Jährigen einführen. Du musst nun dazu in einem Aufsatz Stellung beziehen und schlüssige Argumente bringen, die deine Meinung unterstützen.

Zum Beispiel:

> The *International Red Cross* suggests that young people do a compulsory First Aid course at the age of 14. It wants to know what people all over Europe think about this idea and asks for essays to be sent in. The most interesting essays will be published on their website.
>
> You have decided to send in an essay arguing **for or against** the idea of a compulsory First Aid course for 14-year-olds.

https://www.srdp.at/downloads/dl/haupttermin-201617-englisch-ahs-schreiben-b2 (Stand: 15.12.2017)

2. Arbeitsaufträge

Nun werden in drei *bullet points* konkrete Arbeitsaufträge (= Aufzählungen mit bestimmten *function words*) genannt, welche du alle bearbeiten musst. Hier musst du besonders darauf achten, dass du jeden Arbeitsauftrag genau durchliest und in deinen Text einbaust! Vergisst du einen *bullet point* oder bearbeitest ihn falsch, wirkt sich das negativ auf deine Note aus. Halte dich an die vorgegebene Reihenfolge und mache nach jedem erfüllten Arbeitsauftrag einen Absatz!

Im folgenden Beispiel musst du im Rahmen deines Textes erklären, warum 14-Jährige diese Idee unterstützen könnten oder nicht. Des Weiteren sollst du schlüssige Argumente dafür finden, ob der Staat diese Kurse bezahlen sollte oder nicht. Im letzten Arbeitsauftrag wird von dir verlangt, dass du Überlegungen dazu anstellst, wie die Bevölkerung auf 14-jährige Ersthelfer reagieren könnte.

Zum Beispiel:

> In your **essay** you should discuss:
>
> - why 14-year-olds would or would not like this idea
> - reasons why the state should or should not pay for these courses
> - people's reactions to 14-year-old first-aiders

https://www.srdp.at/downloads/dl/haupttermin-201617-englisch-ahs-schreiben-b2 (Stand: 15.12.2017)

3. Wortanzahl und zusätzliche Information zur Textsorte

Am Schluss erfährst du immer, wie viele Wörter du schreiben sollst und ob deine Textsorte noch ein spezielles Merkmal verlangt.

Hier musst du besonders darauf achten, dass du dich an die vorgegebene Wortanzahl hältst. Du darfst sie höchstens um 10% über- oder unterschreiten, ansonsten wirkt sich das negativ auf deine Note aus. In diesem Fall darfst du zwischen 360 und 440 Wörter schreiben.

Wichtig ist auch, dass du eine passende Überschrift findest.

Zum Beispiel:

> Give your essay a **title**. Write around **400 words**.

https://www.srdp.at/downloads/dl/haupttermin-201617-englisch-ahs-schreiben-b2 (Stand: 15.12.2017)

BEURTEILUNG

Insgesamt kannst du pro Text 40 Punkte erreichen. Die Punkte werden immer mit dem sogenannten *Assessment Scale* errechnet. Es gibt insgesamt **4 Bereiche** mit maximal 10 Punkten:

Bereich 1 – Erfüllung der Aufgabenstellung (*task achievement*):	**Bereich 2 – Aufbau und Layout** (*organisation and layout*):
➡ Die Merkmale der geforderten Textsorte werden eingehalten. ➡ Die verschiedenen Arbeitsaufträge (*bullet points* mit *function words*) werden verstanden und richtig bearbeitet. ➡ Der eigene Standpunkt wird überzeugend vertreten, Argumente werden ausreichend begründet. ➡ Tabellen und Diagramme werden richtig erklärt. ➡ Die geforderte Wortanzahl (+/−10%) wird eingehalten.	➡ Der Text ist der Textsorte entsprechend richtig gegliedert. ➡ Es gibt nachvollziehbare und erkennbare Absätze. ➡ Die Arbeit ist inhaltlich logisch aufgebaut. ➡ Das Layout entspricht der Textsorte.
Bereich 3 – Spektrum sprachlicher Mittel (*lexical and structural range*):	**Bereich 4 – Sprachrichtigkeit** (*lexical and structural accuracy*):
➡ Stil und Ausdruck entsprechen der Aufgabenstellung. ➡ Wortwiederholungen werden vermieden. ➡ Verwendung von verschiedenen Grammatik- und Satzkonstruktionen (Bindewörter, Relativsätze …) ➡ Verwendung des passenden Sprachstils (formell, persönlich, neutral …)	➡ Die Regeln der englischen Grammatik, Rechtschreibung und Zeichensetzung werden eingehalten. ➡ Beherrschung eines großen Wortschatzes ➡ Richtiger Gebrauch von komplizierten sprachlichen Strukturen (*gerund*, *reported speech*, *passive*, *if-clauses* …)

Positiv beurteilt wirst du ab 6 Punkten bei jedem Kriterium.

Die Punkte/Stufen 1, 3, 5, 7 und 9 liegen zwischen den jeweiligen Erfüllungsstufen (0, 2, 4, 6, 8, 10) der einzelnen Kriterien und werden dann vergeben, wenn sie nicht eindeutig einem Erfüllungsgrad/einer Stufe zuzuordnen sind.

W!CHTIG | Wenn du die Aufgabenstellung nicht erfüllst, das heißt, wenn du dich beispielsweise nicht an die Merkmale der jeweiligen Textsorte hältst, wird die Stufe 0 vergeben und alle anderen Kriterien werden nicht mehr bewertet. Somit kann der Schreibauftrag insgesamt nicht positiv beurteilt werden.

Auf den Seiten 14 und 15 findest du den deutschsprachigen Beurteilungsraster. Auf der Website des **BMB** (**B**undes**m**inisterium für **B**ildung) – www.srdp.at – kannst du auch den englischsprachigen Beurteilungsraster herunterladen.

Beurteilungsraster B2

	Erfüllung der Aufgabenstellung*		Aufbau und Layout
10	(1) Hält die vorgegebene Textsorte durchgehend ein (2) Formuliert Titel / Betreff / Abschnittsüberschriften / Anrede / Grußzeile treffend (3) Führt alle inhaltlichen Punkte an und behandelt sie so ausführlich wie für die Aufgabenstellung möglich (4) Führt veranschaulichende Details und Beispiele für alle inhaltlichen Punkte an (5a) Evaluiert verschiedene Ideen / Fakten / Diagramme oder Problemlösungen sehr gut **ASD**** (5b) Erklärt Vor- und Nachteile sehr gut **ASD** (5c) Erklärt Gründe für oder gegen einen bestimmten Standpunkt sehr gut **ASD** (5d) Hebt die persönliche Bedeutung von Ereignissen und Erfahrungen erfolgreich und überzeugend hervor **ASD** (5e) Drückt Neuigkeiten und Standpunkte effektiv aus und bezieht sich überzeugend auf solche von anderen **ASD** (6) Hält die vorgegebene Wortanzahl (+/-10 %) ein	10	(1) Sehr klarer Gesamtaufbau (2) Sehr effektive Gliederung in Absätze (3) Entwickelt die inhaltlichen Punkte sehr klar und systematisch (4) Macht die inhaltlichen Zusammenhänge sehr deutlich (5) Verwendet viele verschiedene textgrammatische Mittel (6) Hält sich durchgehend an das textspezifische Layout (visuell)
9		9	
8	(1) Hält die vorgegebene Textsorte fast durchgehend ein (2) Formuliert Titel / Betreff / Abschnittsüberschriften / Anrede / Grußzeile gut (3) Führt alle inhaltlichen Punkte an, aber ein oder zwei werden nicht ausführlich behandelt (4) Führt veranschaulichende Details und Beispiele für fast alle inhaltlichen Punkte an (5a) Evaluiert verschiedene Ideen / Fakten / Diagramme oder Problemlösungen gut **ASD** (5b) Erklärt Vor- und Nachteile gut **ASD** (5c) Erklärt Gründe für oder gegen einen bestimmten Standpunkt gut **ASD** (5d) Hebt die persönliche Bedeutung von Ereignissen und Erfahrungen erfolgreich hervor **ASD** (5e) Drückt Neuigkeiten und Standpunkte effektiv aus und bezieht sich gut auf solche von anderen **ASD** (6) Hält die vorgegebene Wortanzahl (+/-10 %) ein	8	(1) Klarer Gesamtaufbau (2) Gute Gliederung in Absätze (3) Entwickelt die inhaltlichen Punkte systematisch (4) Macht die meisten inhaltlichen Zusammenhänge deutlich (5) Verwendet verschiedene textgrammatische Mittel (6) Hält sich fast durchgehend an das textspezifische Layout (visuell)
7		7	
6	(1) Hält die vorgegebene Textsorte überwiegend ein (2) Formuliert Titel / Betreff / Abschnittsüberschriften / Anrede / Grußzeile sinnvoll und angemessen (3) Führt zwei von drei inhaltlichen Punkten an, wovon einer nicht ausführlich behandelt wird / führt alle inhaltlichen Punkte an, aber behandelt sie wenig ausführlich (4) Führt einige veranschaulichende Details und Beispiele an (5a) Evaluiert verschiedene Ideen / Fakten / Diagramme oder Problemlösungen teilweise erfolgreich **ASD** (5b) Erklärt Vor- und Nachteile angemessen **ASD** (5c) Erklärt Gründe für oder gegen einen bestimmten Standpunkt **ASD** (5d) Hebt die persönliche Bedeutung von Ereignissen und Erfahrungen hervor **ASD** (5e) Drückt Neuigkeiten und Standpunkte effektiv aus und bezieht sich auf solche von anderen **ASD** (6) Hält die vorgegebene Wortanzahl (+/-10 %) ein	6	(1) Ausreichend klarer Gesamtaufbau (2) Hält die üblichen Konventionen der Gliederung in Absätze größtenteils ein (3) Entwickelt die inhaltlichen Punkte überwiegend systematisch (4) Macht die Zusammenhänge einiger inhaltlicher Punkte deutlich (5) Verwendet eine begrenzte Anzahl an textgrammatischen Mitteln (6) Schreibt zusammenhängend und klar verständlich (7) Hält sich überwiegend an das textspezifische Layout (visuell)
5		5	
4	(1) Hält die vorgegebene Textsorte in wesentlichen Merkmalen nicht ein (2) Formuliert Titel / Betreff / Abschnittsüberschriften / Anrede / Grußzeile nicht sinnvoll / nicht angemessen / unvollständig (3) Führt nur zwei von drei inhaltlichen Punkten an und behandelt beide wenig ausführlich / führt manchmal irrelevante inhaltliche Punkte an (4) Führt nicht genügend veranschaulichende Details an / veranschaulichende Details sind teilweise irrelevant oder beinhalten irrelevante Informationen (5a) Evaluiert verschiedene Ideen / Fakten / Diagramme oder Problemlösungen nur mangelhaft **ASD** (5b) Erklärt Vor- und Nachteile nur mangelhaft **ASD** (5c) Erklärt Gründe für oder gegen einen bestimmten Standpunkt nur mangelhaft **ASD** (5d) Hebt die persönliche Bedeutung von Ereignissen und Erfahrungen nur mangelhaft hervor **ASD** (5e) Drückt Neuigkeiten und Standpunkte wenig effektiv aus **ASD** (6) Hält die vorgegebene Wortanzahl (+/-10 %) nicht ein	4	(1) Wenig angemessener Gesamtaufbau (2) Hält die üblichen Konventionen der Gliederung in Absätze nur selten ein (3) Verbindet nur eine Reihe kurzer und einfacher Einzelelemente zu einer linearen, zusammenhängenden Äußerung (4) Macht nur wenige inhaltliche Zusammenhänge deutlich (5) Verwendet nur wenige einfache textgrammatische Mittel (6) Hat Schwierigkeiten damit, zusammenhängend und klar verständlich zu schreiben (7) Hält sich nur ansatzweise an das textspezifische Layout (visuell)
3		3	
2	(1) Hält die vorgegebene Textsorte nicht ein (2) Gibt keine(n) Titel / Betreff / Abschnittsüberschriften / Anrede / Grußzeile an (3) Führt nur einen inhaltlichen Punkt an / behandelt die inhaltlichen Punkte kaum / führt häufig irrelevante inhaltliche Punkte an (4) Führt kaum veranschaulichende Details an / veranschaulichende Details sind überwiegend irrelevant (5a) Evaluiert keine Ideen / Fakten / Diagramme oder Problemlösungen **ASD** (5b) Erklärt keine Vor- und Nachteile **ASD** (5c) Erklärt keine Gründe für oder gegen einen bestimmten Standpunkt **ASD** (5d) Hebt die persönliche Bedeutung von Ereignissen und Erfahrungen nicht hervor **ASD** (5e) Drückt Neuigkeiten und Standpunkte nicht effektiv aus **ASD** (6) Hält die vorgegebene Wortanzahl (+/-10 %) nicht ein	2	(1) Strukturiert den Text kaum (2) Ignoriert die üblichen Konventionen der Gliederung in Absätze weitgehend (3) Präsentiert Inhalte in einer willkürlichen Reihenfolge ohne logischen Zusammenhang (4) Verwendet keine textgrammatischen Mittel (5) Schreibt nicht zusammenhängend und klar verständlich (6) Hält sich nicht an das textspezifische Layout (visuell)
1		1	
0	(1) Verfehlt die Aufgabenstellung* (2) Produziert nicht genügend Sprache für eine Beurteilung (3) Schreibt unleserlich, die Kommunikation ist daher nicht erfolgreich	0	(1) Keine Struktur erkennbar

* Bei Verfehlung der Aufgabenstellung wird die Stufe 0 vergeben, alle anderen Kriterien werden nicht bewertet.

** **ASD, Aufgabenspezifischer Deskriptor.** Diese Deskriptoren treffen nur auf bestimmte Aufgabenstellungen zu.

Beurteilungsraster B2

	Spektrum sprachlicher Mittel		Sprachrichtigkeit
10	(1) Drückt sich sehr klar aus, ohne dabei den Eindruck zu erwecken, sich in dem, was sie/er sagen möchte, einschränken zu müssen (2) Variiert die strukturellen Mittel sehr gut (3) Verwendet eine Reihe an komplexen Strukturen / Satzstrukturen (4) Verwendet einen der Aufgabe entsprechend sehr breiten Wortschatz (5) Variiert Formulierungen, um Wiederholungen zu vermeiden* (6) Drückt sich in formellem und informellem Stil der Aufgabe entsprechend sehr überzeugend, klar und höflich aus (7) Verfügt über ein sehr breites Spektrum sprachlicher Mittel, um der Aufgabe entsprechend klare Beschreibungen zu geben, Standpunkte auszudrücken und Argumente zu entwickeln	10	(1) Beherrscht die grammatischen und lexikalischen Strukturen sehr gut (2) Kaum Ausrutscher oder Fehler (3) Beherrscht die Rechtschreibung sehr gut (4) Verwendet den Wortschatz mit sehr großer Genauigkeit; falsche Wortwahl kommt kaum vor (5) Verwendet textgrammatische Mittel mit sehr großer Genauigkeit (6) Beachtet alle üblichen Konventionen der Zeichensetzung (7) Wiederholtes Lesen von Textstellen nie notwendig
9		9	
8	(1) Drückt sich klar aus, ohne dabei den Eindruck zu erwecken, sich in dem, was sie/er sagen möchte, einschränken zu müssen (2) Variiert die strukturellen Mittel gut (3) Verwendet eine Reihe an komplexen Strukturen / Satzstrukturen (4) Verwendet einen der Aufgabe entsprechend breiten Wortschatz (5) Variiert Formulierungen, um Wiederholungen zu vermeiden* (6) Drückt sich in formellem und informellem Stil der Aufgabe entsprechend überzeugend, klar und höflich aus (7) Verfügt über ein breites Spektrum sprachlicher Mittel, um der Aufgabe entsprechend klare Beschreibungen zu geben, Standpunkte auszudrücken und Argumente zu entwickeln	8	(1) Beherrscht die grammatischen und lexikalischen Strukturen gut (2) Gelegentliche Ausrutscher oder nichtsystematische Fehler und kleinere Mängel im Satzbau kommen vor, sind aber selten (3) Beherrscht die Rechtschreibung gut (4) Verwendet den Wortschatz mit großer Genauigkeit; eine gelegentlich falsche Wortwahl beeinträchtigt nicht die Kommunikation (5) Verwendet textgrammatische Mittel mit großer Genauigkeit (6) Beachtet beinahe alle üblichen Konventionen der Zeichensetzung (7) Wiederholtes Lesen von Textstellen nie notwendig
7		7	
6	(1) Drückt sich klar aus, erweckt aber teilweise den Eindruck, sich in dem, was sie/er sagen möchte, einschränken zu müssen (2) Verwendet eine gewisse Vielfalt an strukturellen Mitteln (3) Verwendet einige komplexe Strukturen / Satzstrukturen (4) Verwendet einen der Aufgabe entsprechend hinreichend großen Wortschatz (5) Variiert Formulierungen, um häufige Wiederholungen zu vermeiden* (6) Entnimmt gelegentlich Wörter aus der Aufgabenstellung (7) Drückt sich situationsangemessen aus (8) Verfügt über ein hinreichend breites Spektrum sprachlicher Mittel, um der Aufgabe entsprechend klare Beschreibungen zu geben, Standpunkte auszudrücken und Argumente zu entwickeln	6	(1) Beherrscht häufige Strukturen und Wendungen gut (2) Keine Fehler, die zu Missverständnissen führen (3) Macht Rechtschreibfehler, die jedoch nicht das Verständnis beeinträchtigen (4) Verwendet den Wortschatz im Allgemeinen mit großer Genauigkeit; eine falsche Wortwahl beeinträchtigt im Normalfall die Kommunikation nicht (5) Verwendet textgrammatische Mittel mit relativ großer Genauigkeit (6) Beachtet die meisten der üblichen Konventionen der Zeichensetzung (7) Wiederholtes Lesen von Textstellen selten notwendig
5		5	
4	(1) Drückt sich gelegentlich nicht klar aus (2) Verwendet eine begrenzte Vielfalt an strukturellen Mitteln (3) Verwendet nur gelegentlich komplexe Strukturen / Satzstrukturen (4) Verwendet einen der Aufgabe entsprechend nur eingeschränkten Wortschatz (5) Variiert Formulierungen kaum* (6) Mangelnder Wortschatz führt zu Wiederholungen und / oder häufigem Entnehmen von Wörtern aus der Aufgabenstellung (7) Drückt sich teilweise nicht situationsangemessen aus (8) Verfügt über ein eingeschränktes Spektrum sprachlicher Mittel, um der Aufgabe entsprechend klare Beschreibungen zu geben, Standpunkte auszudrücken und Argumente zu entwickeln	4	(1) Beherrscht häufige Strukturen und Wendungen nur eingeschränkt (2) Systematische Fehler kommen vor und strukturelle Fehler führen manchmal zu Missverständnissen (3) Hat auffällige lexikalische und strukturelle Interferenzen aus anderen Sprachen (4) Macht häufig Rechtschreibfehler (5) Beherrscht den Grundwortschatzes gut, macht aber noch elementare Fehler, wenn es darum geht, komplexere Sachverhalte auszudrücken (6) Ungenauigkeiten in der Verwendung des Wortschatzes beeinträchtigen die Kommunikation (7) Verwendet textgrammatische Mittel teilweise fehlerhaft (8) Beachtet nur wenige der üblichen Konventionen der Zeichensetzung (9) Wiederholtes Lesen von Textstellen manchmal notwendig
3		3	
2	(1) Drückt sich häufig nicht klar aus (2) Variiert die strukturellen Mittel kaum oder gar nicht (3) Verwendet nur selten komplexe Strukturen / Satzstrukturen (4) Verfügt nur über den Grundwortschatz (5) Variiert Formulierungen nicht* (6) Begrenzter Wortschatz führt zu häufigen Wiederholungen und / oder dem häufigen Entnehmen von Wörtern aus der Aufgabenstellung (7) Drückt sich häufig nicht situationsangemessen aus (8) Verfügt über kein ausreichendes Spektrum sprachlicher Mittel, um der Aufgabe entsprechend klare Beschreibungen zu geben, Standpunkte auszudrücken und Argumente zu entwickeln	2	(1) Beherrscht die grammatischen und lexikalischen Strukturen kaum (2) Fehler führen häufig zu Missverständnissen (3) Beherrscht nur häufig vorkommende Strukturen und Redeformeln (4) Macht sehr häufig Rechtschreibfehler (5) Verwendet den Wortschatz so fehlerhaft, dass die Kommunikation verhindert wird (6) Verwendet textgrammatische Mittel fehlerhaft (7) Beachtet die üblichen Konventionen der Zeichensetzung nicht (8) Wiederholtes Lesen von Textstellen häufig notwendig
1		1	
0	(1) Produziert nicht genügend Sprache für eine Beurteilung	0	(1) Produziert nicht genügend Sprache für eine Beurteilung

* auf der Satz- oder Phrasenebene – z. B. jedoch / nichtsdestotrotz / darüber hinaus etc.

https://www.srdp.at/downloads/dl/beurteilungsraster-b2-deutsch-und-englischsprachig-und-guidelines-1 (Stand: 15.12.2017)

© Bundesinstitut für Bildungsforschung, Innovation & Entwicklung des österreichischen Schulwesens

ESSAY (NUR AHS)

WAS IST EIN ESSAY?

Der **essay** ist ein kurzer Aufsatz, der ein Thema aus eingeschränkter und oft persönlicher Perspektive behandelt. **Diese Textsorte** kann **nur in der AHS** zur schriftlichen Reifeprüfung kommen. Dabei ist es wichtig, die Leserin und den Leser entweder von deiner Meinung zu überzeugen, sie über ein Thema zu informieren, ein Problem darzustellen oder verschiedene Standpunkte gegeneinander abzuwägen. Du beschreibst deine Ansicht zu einem bestimmten Thema und belegst diese durch Argumente und Fakten. Beispiele, die du verwendest, sollten nicht zu persönlich sein.

Wenn du einen *essay* schreibst, wird von dir verlangt, dass du zu einem bestimmten Thema einen Text formulierst, der …

- Argumente zum vorgegebenen Thema auflistet.
- der Leserin/dem Leser den eigenen Standpunkt deutlich klarmacht.
- sachlich ist.
- klar und logisch aufgebaut ist.
- höflich formuliert ist.
- die Angabe beinhaltet.
- keine einzelnen Phrasen oder Sätze aus der Angabe wortwörtlich übernimmt.
- keine Abkürzungen (z. B. *don't, can't* …) oder umgangssprachlichen Formulierungen enthält.
- die Leserin/den Leser nie direkt anspricht.
- nur rhetorische Fragen (keine direkten Fragen) oder Passivkonstruktionen (keine *you*-Formen) beinhaltet.
- die geforderte Länge von 400 Wörtern (+/– 10 %) einhält. Das heißt, du darfst zwischen 360 und 440 Wörter schreiben, ansonsten kommt es zu einem Punkteabzug (▶ *Assessment Scale,* S. 13).

Ü01 Gib nun in eigenen Worten wieder, was ein *essay* ist.

Ü02 Nenne mindestens vier Punkte, worauf du beim Schreiben eines *essays* achten musst.

Was ist der Ausgangspunkt meines essays?

Bevor du mit dem Schreiben beginnst, solltest du dir Gedanken über das gegebene Thema machen, um dir deine persönliche Meinung zu bilden. Dazu kannst du dir auf dem Angabeblatt Notizen machen, die du anschließend durchstreichst.

Bei der schriftlichen Reifeprüfung aus Englisch wird davon ausgegangen, dass du über allgemeine Themen – die sowohl dein Land als auch das eines englischsprachigen betreffen – Bescheid weißt und dir auch unvorbereitet eine Meinung dazu bilden kannst. Beispiele dafür könnten sein: Reisen, Tourismus, Bildung, Umwelt, moderne Technologien, Jugendkultur etc.

Als Ausgangspunkt kannst du einen kurzen Text, ein Zitat, einen Bildimpuls, ein Statement oder eine Grafik erwarten.

Wer soll meinen essay lesen?

Du schreibst deinen *essay* stets für deine Lehrerin, deinen Lehrer oder für eine Jury.

WIE IST EIN ESSAY AUFGEBAUT?

Ein *essay* besteht immer aus vier Teilen, welche jeweils durch einen Absatz kenntlich gemacht werden:

- ÜBERSCHRIFT
- EINLEITUNG
- HAUPTTEIL
- SCHLUSS

ÜBERSCHRIFT (TITLE)	**Die Überschrift …** - soll das Thema nennen. - soll kurz und prägnant sein.
EINLEITUNG (INTRODUCTION)	**Die Einleitung …** - soll das Thema nennen und die Kernaussage beinhalten. - soll interessant formuliert sein.
HAUPTTEIL (MAIN BODY)	**Der Hauptteil …** - ist der längste und ausführlichste Teil deiner Arbeit. - soll aus drei bis fünf Absätzen bestehen. - beinhaltet deine Argumente zum vorgegebenen Thema.
SCHLUSS (CONCLUSION)	**Der Schluss …** - soll deinen Standpunkt noch einmal zusammenfassen. - darf kein neues Argument oder keinen neuen Gedanken beinhalten. - soll einen nachhaltigen Eindruck deiner Meinung hinterlassen.

OPINION ESSAY ODER DISCURSIVE ESSAY?

Generell gibt es zwei Arten von *essay*, die du bei der schriftlichen Reifeprüfung erwarten kannst:

1. opinion essay

2. discursive essay

Du erkennst die Art des *essays* **ausschließlich** an der Angabe. Wenn du liest, dass du entweder dafür **oder** dagegen bist (z. B. *state your opinion for or against the topic*), dann musst du einen *opinion essay* schreiben. Das heißt, du darfst nur eine Meinung vertreten und musst bei dieser bleiben.

Wenn in der Angabe steht, dass du sowohl die **Pro- als auch die Kontraargumente** besprechen sollst (z. B. *give arguments on the topic for both sides*), dann musst du einen *discursive essay* verfassen. Das heißt, du darfst dich erst im Schlussteil für eine Seite entscheiden und deine Meinung dazu kundtun.

W!CHTIG | Lies die Angabe genau durch und überlege, welche Art von *essay* du schreiben musst!

SCHRITT FÜR SCHRITT ZU EINEM GELUNGENEN ESSAY

Diese 7-Schritte-Anleitung ist dein Fahrplan zu einem gelungenen *essay*. Wenn du dich an diese Schritte hältst, wird dein *essay* ohne Probleme gelingen.

1. SCHRITT: Angabe genau lesen

Die vorgegebene Aufgabenstellung ist für deinen *essay* sehr wichtig. Lies sie genau durch. Bedenke, dass du deinen *essay* ausschließlich für deine Lehrerin oder deinen Lehrer schreibst.

 Lies die folgende Aufgabenstellung genau durch, nimm einen Textmarker und markiere die wesentlichen Informationen, die dir beim Schreiben deines *essays* helfen können!

Due to the fact that nowadays more and more young people are deciding to become vegan, the public opinion on this matter is quite diverse.

You have discussed this topic at school and your English teacher has asked you to express your opinion on the given theme in an essay: **Is veganism a healthy trend or not?**

State your opinion on the topic veganism and give reasons for your view.

In your **essay** you should discuss:

- ➡ the term veganism
- ➡ advantages or disadvantages of this new diet
- ➡ your view on the matter

Give your essay a title. Write around **400 words**!

2. SCHRITT: Die Stoffsammlung

Vor dem Schreiben eines gelungenen *essays* steht die Stoffsammlung. Notiere, was dir zu diesem Thema einfällt! Was weißt du bereits darüber? Welche Meinung hast du dazu?

Lege eine Stoffsammlung an! Dafür gibt es verschiedene Möglichkeiten:

1. Pro- und Kontraliste:

Bevor du zu schreiben beginnst, mach eine Tabelle mit + und –, in welcher du Argumente für und gegen das Thema auflistest.

Beispiel zum Thema *FINAL EXAMS* (S. 26):

🙂	🙁
good preparation for university	exams too close together
important event	exhausting
character building	much stress
presentation practise	learning only for exams
	unnecessary if entrance exams at university

2. Mindmap:

Hier schreibst du das Thema in die Mitte eines unlinierten A4-Blattes im Querformat und rahmst es ein. Wichtig ist, dass du den Hauptgedanken (nur ein Nomen) in Großbuchstaben notierst. Von diesem ausgehend, zeichnest du Linien, auf welche du weitere Schlagwörter schreibst und diese mit dem Hauptgedanken verbindest. Du kannst auch Farben verwenden, wenn du etwas besonders hervorheben willst.

Beispiel:

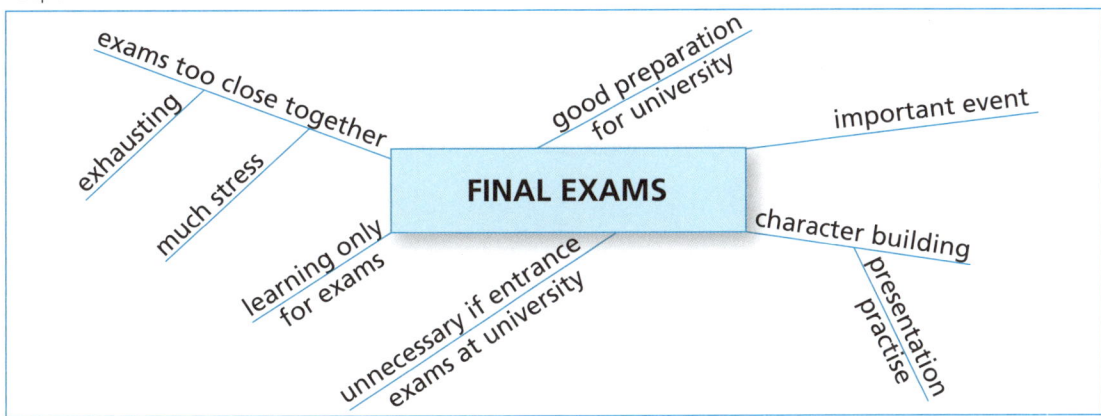

3. Cluster

Nimm ein unliniertes A4-Blatt im Querformat, auf das du in die Mitte einen zentralen Begriff zum Thema passend schreibst. Von diesem ausgehend notiere alles, was dir einfällt, und verbinde deine Einfälle mit dem Begriff in der Mitte. Falls die Einfälle deiner Meinung nach zusammenpassen, kannst du sie miteinander verbinden.

Beispiel:

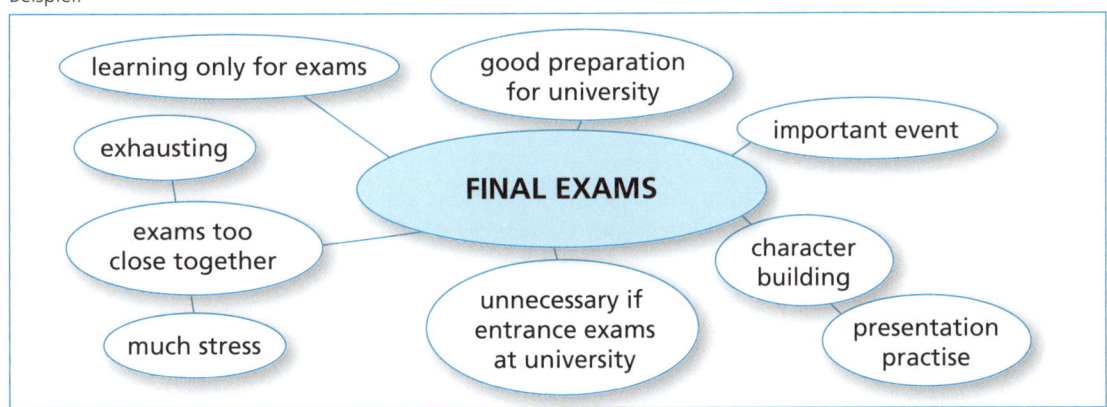

04 Erstelle nun selbst eine Mindmap oder einen Cluster zum Thema „*veganism*" von Übung 03!

 Dein *essay* muss nicht deine tatsächliche Meinung widerspiegeln! Du musst nur genügend Argumente entweder dafür oder dagegen finden, die du in deinem Text verwenden kannst!

3. SCHRITT: Die Einleitung

Die Einleitung besteht meistens aus etwa drei Sätzen. Hier stellst du das Thema vor und beziehst dich auf die Aufgabenstellung. Wenn du möchtest, kannst du die Leserin oder den Leser darüber informieren, wie du deinen Text aufbauen und gliedern wirst. Wichtig ist, sich möglichst kurz zu halten, um die Leserin oder den Leser zum Nachdenken anzuregen. Um ihr/sein Interesse zu wecken, gibt es verschiedene Möglichkeiten:

1. Frage:

Wenn du deinen Text mit einer Frage beginnst, fühlt sich die Leserin oder der Leser direkt angesprochen (obwohl sie/er nicht antworten kann) und du stellst möglicherweise einen persönlichen Bezug her.

2. Zitat:

Ein Zitat ist immer ein guter Start in ein Thema, allerdings ist es meistens schwierig, passende Zitate für eine Prüfungsaufgabe parat zu haben. Aus diesem Grund ist diese Methode nur für geübte Schreiberinnen und Schreiber empfehlenswert! Wichtig ist, dass du später auf dein Zitat wieder Bezug nimmst. Es muss nicht nur zum Thema passen, sondern auch im Verlauf deines *essays* besprochen werden.

3. Statistik:

Eine Statistik ist ebenfalls eine gute Möglichkeit, einen *essay* einzuleiten, besonders für jene, die ein gutes Zahlengedächtnis haben. Vielleicht kannst du eine Statistik aus der Angabe übernehmen, oder du hast dir in der Vorbereitung etwas Passendes zum Thema gemerkt. Auch hier ist es wichtig, die Zahlen nicht unerklärt stehen zu lassen, sondern in den Text einzubauen.

4. Beispiel:

An den Anfang kann auch ein Beispiel gestellt werden, das zum Thema passt, aber nicht zu persönlich ist. Mit diesem kannst du deine Meinung veranschaulichen und deinen Standpunkt verdeutlichen. Weiters ist es auch möglich, diese Aussage zu verwenden, um die gegenteilige Meinung zum Ausdruck zu bringen.

 Wenn du einen *opinion essay* schreibst, darfst du **nur eine Meinung** vertreten! Wenn du einen *discursive essay* schreibst, musst du beide Standpunkte gegeneinander abwägen!

Ü05 Hier findest du einige Einleitungsbeispiele zum Thema „*veganism*". Lies sie genau durch, markiere Textstellen, die dir gefallen, und bewerte im Anschluss diese unterschiedlichen Einleitungen.

Einleitung mit einer Frage

Have you ever considered becoming vegan? For many young people, this new diet has become a lifestyle. The question arises whether such an unbalanced diet is a good idea or not. In my opinion …

➕➖ Bewertung:
Das gefällt mir, weil …/
Das gefällt mir nicht, weil …

Einleitung mit einem Zitat

'A vegan diet is all the rage according to a popular health expert.' This nutrition expert states that nowadays many young people choose to only eat vegan food. There are different opinions on this topic, however, I am convinced that such an unbalanced diet is unhealthy for young people.

➕➖ Bewertung:
Das gefällt mir, weil …/
Das gefällt mir nicht, weil …

Einleitung mit einer Statistik

According to recent studies 45 % of all teenagers have made a decision to only eat vegan food. Many consider this boom a healthy trend, while others see it as a disadvantage because vegans do not have a balanced diet. In my opinion, …

➕➖ Bewertung:
Das gefällt mir, weil …/
Das gefällt mir nicht, weil

Einleitung mit einem Beispiel

Nowadays more and more young people have decided to go vegan. Many people believe this to be a positive trend, while others consider it a dangerous health risk. According to my view …

➕➖ Bewertung:
Das gefällt mir, weil …/
Das gefällt mir nicht, weil …

----

4. SCHRITT: Der Hauptteil

Der Hauptteil ist der längste und wichtigste Teil deines *essays* und sollte aus **mindestens drei Absätzen** (pro Arbeitsauftrag ein Absatz) bestehen.

➡ Jeder Absatz (= *paragraph*) sollte ein Argument beinhalten, das deine Meinung unterstützt. Wichtig ist, dass du es belegst und begründest. Dafür gibt es wiederum verschiedene Möglichkeiten: eine Statistik, ein Beispiel, ein Zitat oder genauere Informationen und Fakten.

➡ Wichtig ist, dass du mit deinen Argumenten immer beim Thema bleibst und nicht abschweifst.

➡ Besonders hier ist es notwendig, geeignete Phrasen an den Beginn jedes Satzes zu stellen. Diese helfen, um deine Ideen und Gedanken logisch zu verknüpfen. Bespiele dazu findest du im Anschluss an dieses Kapitel auf Seite 25.

W!CHTIG

> **In jedem Absatz** (*paragraph*) muss ein **neues, eigenständiges Argument** angeführt werden, das deine Meinung unterstützt. Das heißt, du darfst dich nicht ständig wiederholen, indem du dasselbe in anderen Worten wiedergibst.

Wie ist ein Absatz (paragraph) aufgebaut?

Jeder Absatz beginnt mit einem „*topic sentence*", welcher ausreichend begründet und mit einem Beispiel belegt werden muss.

Zum Beispiel:

Firstly, I am absolutely certain that smoking causes severe health problems, especially among young people.	*topic sentence*
Recent statistics show that the number of teenage smokers is constantly rising.	Begründung
It seems that especially young people are not aware of the risks of smoking. Too many young adults suffer from high blood pressure, bronchitis or have difficulties breathing. Therefore, I am totally in favor of a ban on smoking for young people under the age of 18.	Beispiel

Ü06 Überlege dir nun selbst einen *paragraph* zum Thema „*veganism*".

	topic sentence
	Begründung
	Beispiel

5. SCHRITT: Der Schluss

Der Schluss besteht aus etwa drei Sätzen. Hier ist es wichtig, dass du deinen Standpunkt noch einmal zusammenfasst. Achte darauf, die bereits angeführten Argumente in anderen Worten wiederzugeben. Der Abschluss sollte einen nachhaltigen Eindruck deiner Meinung hinterlassen.

W!CHTIG | Du darfst hier kein neues Argument oder keinen neuen Gedanken formulieren!

6. SCHRITT: Die Überschrift

Du musst stets eine eigene Überschrift finden, welche das Thema nennt und kurz und prägnant ist. Du kannst dir einen geeigneten Titel bereits überlegen, wenn du zu schreiben beginnst oder wenn du damit fertig bist. Es ist möglich, hier schon deine Meinung zu äußern.

Zum Beispiel:

Taking Risks Builds Character

Travel Broadens Your Horizon

Smoking Kills!

W!CHTIG | Im Englischen werden **beim Titel alle Wörter groß geschrieben** – außer Artikel und Präpositionen!

 Finde nun jeweils eine eigene Überschrift zu den Themen *„veganism", „daily sports lesson"* und *„gap year"*.

----

7. SCHRITT: Die Überarbeitung

Bevor du deinen *essay* abgibst, solltest du auf jeden Fall noch einmal folgende Punkte kontrollieren:

- Hast du die Aufgabenstellung gut durchgelesen und verstanden?
- Hast du eine Überschrift?
- Hast du eine Einleitung, einen Hauptteil (pro Arbeitsauftrag ein Absatz) und einen Schlussteil geschrieben?
- Hast du deinen Hauptteil in Absätze gegliedert? (*Firstly, Secondly, Thirdly …*)
- Hast du zwischen den einzelnen Teilen erkennbare Absätze gemacht und einen Abstand gelassen?
- Hast du in jedem Absatz ein Argument für deine Meinung und eine Begründung?
- Hast du einleitende Phrasen und formelle Sprache verwendet? (▶ siehe *useful phrases*, S. 25 – keine Abkürzungen, kein *you*)
- Hast du Rechtschreibung, Grammatik und Ausdruck kontrolliert?
- Hast du insgesamt zwischen 360 und 440 Wörter geschrieben?

✔CHECKLISTE Essay

TITLE	1 phrase
INTRODUCTION	**3 sentences** ➡ start with a question, statistic, quote or fact ➡ outline the given theme ➡ state your plan for this essay
MAIN BODY	**3 paragraphs** ➡ paragraph argument 1 (start with a reason – use facts, statistics, recommendations) ➡ paragraph argument 2 ➡ paragraph argument 3
CONCLUSION	**3 sentences** ➡ state your opinion on the given theme in different words ➡ revise and summarize your main ideas and arguments in different words ➡ restate your recommendation in different words

Ü08 Fasse nun die wesentlichen Merkmale der Textsorte *essay* noch einmal zusammen!

Ü09 Werde dir klar, worauf du besonders achten musst, wenn du einen *essay* schreibst. Schreibe die drei Punkte, die für dich am wichtigsten sind, heraus.

Ich achte besonders auf:

➡ ----------

➡ ----------

➡ ----------

USEFUL PHRASES

Introduction

➡ The aim/purpose/intention of this essay is to …
➡ This is an essay concerning/regarding …
➡ This essay outlines/contains/examines …
➡ Some people claim that …

Main part (opinion essay)

➡ In my opinion/view/experience …
➡ My opinion/view is that …
➡ My own view of the matter is that …
➡ I am of the view that …
➡ I take the opinion that …
➡ I have the feeling/impression that …
➡ I would like to point out that …
➡ I (firmly/strongly) believe that …
➡ I (definitely/personally) believe/feel/think that …
➡ (Personally) I feel very strongly that …
➡ I am (not) convinced that …
➡ I am (absolutely) certain that …
➡ I am totally in favor of/opposed to …
➡ I take the view that …
➡ To my mind …
➡ As far as I am concerned …
➡ As I see it …
➡ It seems to me that …
➡ It strikes me that …
➡ There is no doubt that …
➡ In my experience …
➡ Without a doubt …

Main part (discursive essay)

➡ On the one hand, …
➡ On the other hand, …
➡ All in all, …
➡ Many people say that …
➡ But in fact, …
➡ Personally, …
➡ Some people claim that …
➡ Others, however, …
➡ Finally, …
➡ It is often said that …
➡ Nevertheless it is true to say that …
➡ On balance, …
➡ In some ways, …
➡ But at the same time, …
➡ All things considered, …

Helpful links

➡ Due to …/Due to the fact that …
➡ Owing to …/Owing to the fact that …
➡ Because of …
➡ Since/As …
➡ Therefore, …
➡ Thus, …
➡ In addition, …

➡ Moreover, …
➡ Furthermore, …
➡ Besides, …
➡ … as well as …
➡ … namely …
➡ … for example, …/… for instance, …
➡ However, …
➡ Nevertheless, …

Ending

➡ In conclusion, …
➡ In short, …
➡ To sum up, …
➡ All things considered, …
➡ To put it in a nutshell, …

➡ I conclude that …
➡ I would suggest that …
➡ On the basis of the facts mentioned above …
➡ On the basis of these findings, it would seem that …

 Tipp   Formulierungen für „*statistics*" findest du bei der Textsorte *report*. (▶ S. 56)

 Ü10   Lies diese Formulierungshilfen genau durch und markiere jene, die dir besonders gut gefallen und die du in deinem nächsten *essay* verwenden möchtest.

EINEN ESSAY ÜBERARBEITEN

 Ein Schüler hat zu folgender Aufgabenstellung einen *essay* geschrieben, welcher noch nicht ganz gelungen ist. Bearbeite die Schülerarbeit! Bevor du beginnst, lies die **Aufgabenstellung** und die **Korrekturanleitung** durch!

Aufgabenstellung (writing task)

Due to the fact that many countries do not have a final exam but students simply finish their last year of school and are ready to start studying, the question arises if the Austrian finals are necessary or not.

You have discussed this theme at school and your English teacher has assigned you to express your opinion on the given topic in an essay:

Should final exams be abolished in Austria and all universities have entrance tests instead?

stock.adobe.com/WavebreakMediaMicro

State your opinion on the theme final exams and give reasons for your view.

In your **essay** you should discuss:

- the present situation of final exams in Austria
- advantages or disadvantages of having finals in your country
- your view on the theme

Give your essay a title. Write around **400 words**!

Korrekturanleitung: den essay inhaltlich, strukturell und sprachlich überarbeiten

Folgende Fragen musst du dir bei der Korrektur dieses Schülertextes stellen:

- Gibt es eine gelungene Überschrift?
- Wird die Aufgabenstellung verstanden?
- Ist der Text in Einleitung, Hauptteil und Schluss gegliedert?
- Werden nur Argumente angeführt, die zum Thema passen?
- Ist in jedem Absatz ein stichhaltiges Argument für die eigene Meinung und eine Begründung angegeben?
- Werden alle Arbeitsaufträge bearbeitet?
- Werden einleitende Phrasen und wird formelle Sprache verwendet? (▶ *useful phrases*, S. 25 – keine Abkürzungen, kein *you*, keine umgangssprachlichen Formulierungen, passende englische Formulierungen …)
- Wird wortwörtlich von der Angabe abgeschrieben?
- Gibt es Fehler bei Ausdruck und Wortschatz?
- Umfasst die Wortanzahl zwischen 360 und 440 Wörter?

1. unkorrigierter Ausgangstext des Schülers:

Final Exams? – No Thanks!

Meine Randnotizen

Should the final exams be abolished in Austria and all universities have entrance tests instead? In my opinion, they should. My plan for this essay is to explain the
5 problems I have with final exams and give arguments against them.

Firstly, I want to say that in my view everyone has stress with the final exams. It is a really big deal for all of us especially
10 because the different exams are so close together, sometimes there are more than three tests a week. This final exams period is so exhausting that you are burned out so that in the following weeks any kinds of
15 mental efforts are impossible to my mind. In my opinion, it is not necessary.

I mean there is a whole semester of preparation, so in this time you don't do anything else anyway. Why can't there be
20 more space between the exams, so you can concentrate better on each subject? I think that the quality of work would get better as well as the grades. That's the problem with the Austrian school system – students study
25 different subjects only for the finals and afterwards they mostly do not need them anymore. So they forget everything. In my opinion, themes that have been learned in a very short time are often quickly forgotten.

30 For your final exams you can learn all again, okay maybe that is a little bit overstated, of course some things stay in your mind, but I am sure some things you cannot remember. After your final exams it will be the same,
35 after a while you will forget most of what you have studied. That is why I think it would be better to abolish them and make entrance tests for all universities instead. Because in that case the most you learn for
40 the entrance test you will need in your studies as well.

To sum up, final exams are stressful, they can make high school run down, and after a few weeks you forget the most of what you
45 have studied. Therefore, I think it is best to abolish final exams. That would be the right way for me.

(362 words)

3. Lösungsvorschlag

Fehlerhafte Textstellen	Anmerkungen/Textkorrekturvorschläge
Final Exams? – No Thanks!	*Titel ist gelungen*
Should the final exams be abolished in Austria and all universities have entrance tests instead? In my opinion, they should. My plan for this essay is to explain the problems I have with final exams and give arguments against them.	*Angabe nicht wortwörtlich übernehmen:* The question arises whether the finals should be abolished or not. *interessante Einleitung hinzufügen, z. B. ein Zitat:* Recently a popular Austrian politician got a lot of attention when she stated in an interview: 'I doubt that final exams are still necessary nowadays.'
Firstly, I want to say that in my view everyone has stress with the final exams.	*kein englischer Ausdruck:* everyone is stressed by final exams.
It is a really big deal for all of us especially because the different exams are so close together, sometimes there are more than two tests a week.	*keine umgangssprachlichen Formulierungen verwenden:* a really important event *inhaltlicher Fehler:* more than three tests a week.
This final exam period is so exhausting that you are burned out so that in the following weeks any kinds of mental efforts are impossible to my mind.	*überflüssiges Argument weglassen:* very exhausting and stressful
In my opinion, it isn't necessary.	*keine Kurzformen verwenden:* it is not
I mean there is a whole semester of preparation, so in this time you don't do anything else anyway. Why can't there be more space between the exams, so you can concentrate better on each subject? I think that the quality of work would get better as well as the grades.	*inhaltliche Wiederholung weglassen*
That's the problem with the Austrian school system - students study different subjects only for the finals and afterwards they mostly do not need them anymore.	*einleitende Phrasen verwenden:* Secondly, it seems to me … *keine Kurzformen verwenden:* that is
So, they forget everything. In my opinion, themes that have been learned in a very short time are often quickly forgotten.	*einleitende Phrasen verwenden:* Therefore, in my view … *Verallgemeinerungen vermeiden:* So, they tend to forget most of everything.
For your final exams you must learn everything again, …	*einleitende Phrasen verwenden:* Thus, in my opinion … *keine persönlichen Formulierungen verwenden:* students/young people

Fehlerhafte Textstellen

Fehlerhafte Textstellen	Anmerkungen/Textkorrekturvorschläge
... okay maybe that is a little bit overstated, of course some things stay in your mind, but I am sure some things you cannot remember.	*nicht zu lange Sätze bilden, teile einen langen Satz in zwei.* *keine umgangssprachlichen Formen verwenden:* This may be an exaggeration, of course some facts are not forgotten, but I am sure many are.
After your final exams it will be the same, after a while you will forget most of what you have studied.	*inhaltliche Wiederholung weglassen*
That is why I think it would be better to abolish them and make entrance tests for all universities instead.	*Angabe nicht direkt übernehmen:* As I see it, entrance exams for universities have more advantages and therefore are the better choice over final exams.
Because in that case the most of what you learn for the entrance test you will need in your studies as well.	*einleitende Phrasen verwenden:* I have the impression that … *kein englischer Ausdruck:* most of what … *keine persönlichen Formulierungen verwenden:* students learn for these entrance exams they will need in their studies …
	Angabe beachten, alle bullet points einbauen: Thirdly, I believe it would be best if students could focus their time and effort on studying for a subject they wish to learn more about. To my mind, it should be enough to finish school after passing all the tests in the twelve to thirteen years of school. I consider it difficult and strenuous to complete each grade and pass every subject over such a long period of time. Therefore, I do not consider it necessary to have final exams.
To sum up, final exams are stressful, they can make high school run down, and after a few weeks you forget most of what you have studied anyway.	*am Schluss keinen neuen Gedanken anführen: Gliedsatz weglassen* *keine persönlichen Formulierungen verwenden:* students forget most of what they have studied
Therefore, I think it is best to abolish final exams. That would be the right way for me.	*Wiederholung und zu persönliche Formulierungen weglassen* *am Schluss formuliere nochmals deutlich, ob du dafür oder dagegen bist:* Furthermore, in my view entrance exams to universities are more advantageous.

2. korrigierte Endfassung

Final Exams? – No Thanks!

Recently a popular Austrian politician got a lot of attention when she stated in an interview: 'I doubt that final exams are still necessary nowadays.' This leads to the question whether the finals should be abolished or not. In my opinion, they should. My plan for this essay is to explain the problems I have with final exams and give arguments against them.

5 Firstly, I want to say that in my view everyone is stressed by final exams. It is a really important event, especially because the different exams are so close together, sometimes there are more than three tests a week. This final exam period is very exhausting and stressful. But is it necessary? In my opinion, it is not.

Secondly, it seems to me that is the problem with the Austrian school system – students study 10 different subjects only for the finals and afterwards they mostly do not need them anymore. Therefore, in my view they tend to forget most of everything. In my opinion, themes that have been learned in a very short time are often quickly forgotten. This may be an exaggeration, of course some facts are not forgotten, but I am sure many are. As I see it, entrance exams for universities have more advantages and therefore are the better choice over final exams. I have the impression 15 that most of what students learn for these entrance exams, they will need in their studies as well.

Thirdly, I believe it would be best if students could focus their time and effort on studying for a subject they wish to learn more about. To my mind, it should be enough to finish school after passing all the tests in the twelve to thirteen years of school. I consider it difficult and strenuous to complete each grade and pass every subject over such a long period of time. Therefore, I do not 20 consider it necessary to have final exams.

To sum up, as I see it final exams are stressful and after a few weeks students forget most of what they have studied anyway. Furthermore, in my view entrance exams to universities are more advantageous. Therefore, I think it is best to abolish final exams.

(372 words)

Platz für Notizen

ÜBUNGSBEISPIELE ESSAY

Beispiel 1

Due to modern technology, mobile phones have become an important part of every young person´s life. The question arises if students should be able to use these technical devices at school and even during lessons, or not.

Write an essay on the use of mobile phones in lessons and give arguments for your view.

In your **essay** you should discuss:

◗ your opinion on the topic
◗ advantages or disadvantages of the use of mobile phones in class
◗ the current situation concerning the use of such technical devices at your school

Give your essay a title. Write around **400 words**!

🔦 Tipps:

🔲 Lege eine Stoffsammlung an!

🔲 Wie stehst du persönlich zum Thema „Mobiltelefone im Unterricht"?

🔲 Wie wird der Umgang damit an deiner Schule gehandhabt?

B

Beispiel 2

Many young people who have just finished school want to take a year off before they start studying and so they decide to take a gap year. Some go abroad, others stay in the country and take a job or do volunteer work.

stock.adobe.com/denys_kuvaiev

Write an essay on the topic of taking a gap year and give arguments for your view.

In your **essay** you should discuss:

➡ what a gap year is
➡ advantages or disadvantages of taking a gap year
➡ your personal opinion on the theme

Give your essay a title. Write around **400 words**!

💡 Tipps:

🔴 Was weißt du über das Thema und welche Möglichkeiten gibt es?

🔴 Kennst du jemanden, der bereits ein „gap year" absolviert hat? Falls ja, welche Erfahrungen hat sie/er gemacht?

🔴 Könntest du dir persönlich vorstellen, ein „gap year" zu machen? Begründe deine Meinung!

Beispiel 3

Many health experts claim that a daily lesson of sports is beneficial for a student's growth and health, especially nowadays when most young people spend their spare time sitting in front of a screen.

Write an essay on the topic of daily sports lessons and give arguments for your view.

In your **essay** you should discuss:

- ➡ advantages or disadvantages of a daily lesson of sports
- ➡ the amount of sports lessons at your school
- ➡ reasons for your opinion for or against a daily lesson of sports

Give your essay a title. Write around **400 words**!

💡 Tipps:

🔴 Wie stehst du allgemein zu dem Thema?

🔴 Überlege, ob du von einer täglichen Turnstunde profitieren würdest oder nicht!

🔴 Wie ist die Situation an deiner Schule? Was würde sich ändern?

SELBSTKONTROLLE

Kreuze bei folgenden Aussagen an, wie du dich selbst einschätzt.

	😊	😐	😞
Ich weiß, was die Textsorte *essay* bedeutet. (▶ S. 16)			
Ich kenne den Unterschied zwischen einem *opinion essay* und einem *discursive essay*. (▶ S. 18)			
Ich weiß, wie ich einen *essay* gliedern muss. (▶ S. 17)			
Ich habe mir die Schritt-Für-Schritt-Anleitung gemerkt. (▶ S. 18–23)			
Ich weiß, dass ich die vorgegebene Angabe durchlesen und bearbeiten muss. (▶ S. 18)			
Ich habe mir mindestens 5 Formulierungshilfen gemerkt. (▶ S. 25)			
Ich weiß, wie ein *paragraph* aufgebaut sein muss. (▶ S. 22)			

Platz für Notizen

2 ARTICLE (ARTIKEL)

WAS IST EIN ARTICLE?

Ein *article* ist ein Text zu einem bestimmten Thema, der als selbstständiger Teil eines Buches, einer Zeitschrift oder einer Zeitung sowohl gedruckt als auch online erscheinen kann. Dabei ist es wichtig, die Leserinnen und Leser zu informieren, von deiner Meinung zu überzeugen oder sie zu unterhalten.

Wenn du einen *article* schreibst, wird von dir verlangt, dass du zu einem bestimmten Thema einen Text formulierst, der …

- die Leserinnen und Leser entweder informiert, überzeugt, unterhält etc. (abhängig von der Aufgabenstellung).
- das Interesse der Leserschaft weckt.
- klar und logisch aufgebaut ist.
- formell oder persönlich formuliert ist (abhängig von der Aufgabenstellung).
- die Angabe beinhaltet.
- keine einzelnen Phrasen oder Sätze aus der Angabe wortwörtlich übernimmt.
- die Leserinnen und Leser direkt ansprechen kann.
- rhetorische Fragen beinhalten kann.
- die Leserinnen und Leser unterhalten kann.
- amüsante Geschichten, indirekte Reden und Beschreibungen beinhalten kann.
- die geforderte Wortanzahl (+/– 10 %) einhält, ansonsten kommt es zu einem Punkteabzug (▶ *Assessment Scale,* S. 13)

W!CHTIG | Du musst dir vor dem Schreiben genau überlegen, für welche Zielgruppe du deinen *article* schreibst!

Ü12 Gib nun in eigenen Worten wieder, was ein *article* ist.

Ü13 Nenne drei Unterschiede zwischen einem *essay* und einem *article*.

Was ist der Ausgangspunkt meines articles?

Bevor du mit dem Schreiben beginnst, solltest du dir Gedanken über das gestellte Thema machen, um dir deine persönliche Meinung zu bilden. Dazu kannst du dir auf dem Angabeblatt Notizen machen, die du anschließend durchstreichst.

Ähnlich wie beim *essay* wird davon ausgegangen, dass du über allgemeine Themen – die sowohl dein Land als auch das eines englischsprachigen betreffen – Bescheid weißt und dir unvorbereitet eine Meinung dazu bilden kannst. Beispiele dafür könnten sein: Reisen, Tourismus, Bildung, Umwelt, moderne Technologien, Jugendkultur, Familie, Freunde etc.

Als Ausgangspunkt kannst du auch hier – ähnlich wie bei der Textsorte *essay* – einen kurzen Text, ein Zitat, einen Bildimpuls, ein Statement oder eine Grafik erwarten.

Wer soll meinen article lesen?

Du schreibst deinen *article* für die Leserschaft einer bestimmten Zeitschrift, einer Zeitung, eines Buches oder einer Website.

Wie ist mein article aufgebaut?

Ein *article* besteht immer aus vier Teilen, welche jeweils durch einen Absatz kenntlich gemacht sind:

- ÜBERSCHRIFT
- EINLEITUNG
- HAUPTTEIL
- SCHLUSS

ÜBERSCHRIFT (TITLE)	**Die Überschrift …** - soll möglichst hervorstechend und auffällig sein. - soll das Interesse der Leserinnen und Leser wecken. - soll das Thema ansprechen. - kann den Namen der Verfasserin/des Verfassers *(by-line)* enthalten (optional).
EINLEITUNG (INTRODUCTION)	**Die Einleitung …** - soll die Aufmerksamkeit der Leserinnen und Leser auf sich ziehen, neugierig machen und zum Weiterlesen anregen. - soll die wichtigste Information beinhalten.
HAUPTTEIL (MAIN BODY)	**Der Hauptteil …** - ist der längste Teil. - soll aus drei bis fünf Absätzen bestehen. - präsentiert deine Ideen mit passenden Beispielen. - beinhaltet einen Absatz für jeden Hauptpunkt.
SCHLUSS (CONCLUSION)	**Der Schluss …** - kann deine Gedanken und Argumente noch einmal zusammenfassen. - kann eine Empfehlung abgeben oder einen abschließenden Kommentar beinhalten.

SCHRITT FÜR SCHRITT ZU EINEM GELUNGENEN ARTICLE

Diese 7-Schritte-Anleitung ist dein Fahrplan zu einem gelungenen *article*. Wenn du dich an diese Schritte hältst, wird dein *article* ohne Probleme gelingen.

1. SCHRITT: Angabe genau lesen

Besonders beim Schreiben eines *articles* ist es wichtig, dass du die Angabe genau durchliest und überlegst, für wen du deinen Text schreiben sollst und wo er erscheinen wird.

 Lies die folgende Aufgabenstellung genau durch, nimm einen Textmarker und markiere die wesentlichen Informationen, die dir beim Schreiben deines *articles* helfen können!

Family Celebrations

Your school magazine has asked you to write an article describing a family celebration you much enjoyed. The best article will be published in the next issue.

In your **article** you should:

➡ describe such a pleasant event
➡ explain why you have chosen this particular family celebration
➡ point out the importance of family celebrations

Write around **400 words** and include an interesting **title**!

---

2. SCHRITT: Die Stoffsammlung

Bevor du mit dem Schreiben beginnst, überlege, was dir zu diesem Thema einfällt.

 Du kannst dir dabei folgende Fragen stellen:

➡ Welches Fest ist mir besonders gut in Erinnerung geblieben, worüber ich schreiben werde?

....

➡ Warum möchte ich über dieses Fest schreiben?

....

➡ Wie kann ich den Artikel für die Leserinnen und Leser interessant gestalten?

....

Tipp Du kannst hier die im Kapitel *„essay"* (▶ S. 18 und 19) vorgeschlagenen Arbeitstechniken ausprobieren.

3. SCHRITT: Die Einleitung

Die Einleitung ist ein wichtiger Teil deines *articles*, da hier die Neugierde der Leserschaft geweckt werden soll. Dieser Teil deiner Arbeit entscheidet darüber, ob die Leserin oder der Leser den ganzen Text lesen wird oder nicht. Für deine Einleitung gibt es verschiedene Möglichkeiten:

1. Frage:

Hier kannst du gleich zu Beginn die Leserinnen und Leser miteinbeziehen und deren Interesse wecken.

2. Zitat:

Vor allem bekannte Zitate, die jeder kennt, eignen sich gut für die Einleitung eines *articles*, da sich die Leserinnen und Leser sofort angesprochen fühlen.

3. Eine ungewöhnliche Statistik:

Es geht wieder darum, Aufmerksamkeit zu erregen und die Leserschaft zum Weiterlesen zu animieren. Hierfür eignet sich eine Statistik, die nicht der allgemeinen Erwartung entspricht.

4. Eine überraschende Tatsache:

Im Vordergrund steht stets der Überraschungseffekt, welcher durch eine unerwartete Tatsache gut erzielt werden kann.

5. Beschreibung der Bildbeilage:

Du kannst auch die Bildbeilage der Angabe zu Beginn beschreiben. Achte aber darauf, dies möglichst interessant zu tun.

 Hier findest du einige Einleitungsbeispiele zum Thema *„family celebrations"*. Lies sie genau durch, markiere Stellen, die dir gefallen, und bewerte im Anschluss diese Einleitungen.

Einleitung mit einer Frage	**Einleitung mit einem Zitat**
Have you ever considered inviting all your family members to your birthday party? Well, that is exactly what many people do. It can be a memorable experience because …	'Families are like fudge – mostly sweet with a few nuts.' This specific quote comes to mind whenever people share thoughts about their last family celebration …
➕ ➖ Bewertung: Das gefällt mir, weil …/ Das gefällt mir nicht, weil … ------------------ ------------------	➕ ➖ Bewertung: Das gefällt mir, weil …/ Das gefällt mir nicht, weil … ------------------ ------------------
Einleitung mit einer Statistik	**Beschreibung der Bildbeilage**
Every second teenager dreams about celebrating his or her birthday together with family. Would you have guessed that? This is what a surprising statistic revealed last week …	A scene of love and joy. The entire family has come together in order to celebrate. Honestly, does this picture seem like an illusion or reality? …
➕ ➖ Bewertung: Das gefällt mir, weil …/ Das gefällt mir nicht, weil … ------------------ ------------------	➕ ➖ Bewertung: Das gefällt mir, weil …/ Das gefällt mir nicht, weil … ------------------ ------------------

4. SCHRITT: Der Hauptteil

Der Hauptteil ist der längste Teil deines *articles* und sollte aus **drei bis fünf Absätzen** bestehen.

- ➡ Jeder Absatz *(= paragraph)* sollte ein Argument beinhalten.
- ➡ Im ersten Absatz ist es wichtig, dass du das Interesse der Leserin oder des Lesers weckst. Achte besonders darauf, dass der letzte Satz zum Weiterlesen anregt. Es wäre möglich, dass du den Beginn einer Geschichte erzählst oder mit einer Frage an die Leserschaft endest.
- ➡ Im zweiten Absatz kannst du die Frage beantworten oder die Geschichte fortsetzen.

 Du musst die Leserinnen und Leser bei „der Stange halten", das heißt, du musst darauf achten, die **Spannung** zu **steigern**!

Wie ist ein Absatz (paragraph) aufgebaut?

Am besten beginnst du jeden Absatz mit einem *„topic sentence"*, auf den du Bezug nimmst.

Zum Beispiel:

> Family celebrations are a wonderful experience when all your loved ones come together and share an excellent meal, chatting, laughing and simply enjoying each other's company. It is nice to relax and catch up with all the most important people in your life, in the course of one single event. Being surrounded by people who genuinely love and accept you for who you are, makes everyone feel completely at ease… do you agree that it is worth a try?

paragraph

 Schreibe nun den nächsten *„paragraph"* zum Thema *„family celebrations"*.

paragraph

 Tipp Da du den *article* für eine Schülerzeitung schreibst, kannst du dich etwas „salopp" ausdrücken, das heißt, Kurzformen sind hier erlaubt. Bedenke jedoch, dass das immer von der jeweiligen Aufgabenstellung abhängt. Wenn du deinen Artikel für eine anspruchsvolle Zeitschrift schreibst, muss auch der Sprachstil gehoben sein, also ohne Kurzformen.

5. SCHRITT: Der Schluss

Der Schluss sollte kurzgehalten werden. In diesem Teil deiner Arbeit kannst du noch einmal das Wichtigste zusammenfassen, die Ausgangsfrage der Einleitung beantworten, ein humorvolles Zitat bringen, eine Empfehlung abgeben etc.

Zum Beispiel:

> Family celebrations can definitely be one of the most rewarding experiences. They can surely be recommended to everyone! Celebrate your next birthday with all the people you love – in one room – just imagine how special and happy that will make you feel.

Schluss

 **W!CHTIG** | Du musst bei den Leserinnen und Lesern einen bleibenden Eindruck hinterlassen!

6. SCHRITT: Die Überschrift

Die Überschrift ist bei dieser Textsorte besonders wichtig, da sie die Leserinnen und Leser neugierig machen soll. Vergiss nicht darauf, das Thema deines *articles* zu nennen!

Es gibt verschiedene Möglichkeiten für einen gelungenen Titel:

- → Du kannst die Leserschaft direkt ansprechen: *Happiness – What It Takes*
- → Du kannst eine Frage stellen: *Is a Happy Family a Positive Influence?*
- → Du kannst das Thema kurz zusammenfassen: *A Birthday to Remember*

 **W!CHTIG** | Der Titel soll den Schreibstil des *articles* widerspiegeln, aber darf nicht zu lange sein!

 Ü18 Finde nun eine eigene Überschrift zu den Themen „*family celebrations*", „*globalization*" und „*binge drinking*".

----

7. SCHRITT: Die Überarbeitung

Bevor du deinen *article* abgibst, solltest du noch einmal folgende Punkte kontrollieren, dann wird der Text ohne Probleme gut gelingen:

- → Hast du die Aufgabenstellung gut durchgelesen und verstanden?
- → Hast du einen interessanten Titel gewählt?
- → Hast du eine Einleitung, einen Hauptteil (pro Absatz ein Argument) und einen Schlussteil geschrieben?
- → Hast du deinen Hauptteil gegliedert?
- → Hast du zwischen den einzelnen Teilen erkennbare Absätze gemacht und einen Abstand gelassen?
- → Hast du versucht, von Beginn an das Interesse der Leserschaft zu wecken?
- → Hast du den passenden Schreibstil verwendet (formell / informell)?
- → Hast du Rechtschreibung, Grammatik und Ausdruck kontrolliert?
- → Hast du die geforderte Wortanzahl eingehalten (+/− 10 %)?

✔CHECKLISTE Article

TITLE	short, eye-catching title
INTRODUCTION	**2–3 sentences** ➡ question ➡ astonishing statistic ➡ quote ➡ surprising fact ➡ description of given picture/impulse
MAIN BODY	**3–5 paragraphs** ➡ starts with topic sentence ➡ includes all bullet points ➡ first paragraph makes reader want to read on ➡ presents arguments and ideas in logical order
CONCLUSION	**2–3 sentences** ➡ summary of the topic ➡ recommendation ➡ humorous question or quote

Ü19 Fasse nun die wesentlichen Merkmale der Textsorte *article* noch einmal zusammen!

Ü20 Werde dir klar, worauf du besonders achten musst, wenn du einen *article* verfasst. Schreibe die drei Punkte, die für dich am wichtigsten sind, heraus.

Ich achte besonders auf:

➡ _____

_____

➡ _____

_____

➡ _____

_____

USEFUL PHRASES

Introduction

➡ Some people claim that …
➡ It is often said that …
➡ You may have heard about …
➡ You have probably heard countless times that …
➡ It is probably true to say that …
➡ There is nothing better/worse than …
➡ Everyone wants to/knows how to …
➡ Nowadays most people …
➡ Have you ever …?
➡ According to recent statistics …

Main part

➡ How come …?
➡ There is no doubt that …
➡ Due to the fact that …
➡ Experts agree that …
➡ Because of …
➡ Apart from that …
➡ On top of that …
➡ Generally speaking …
➡ Here are some facts on …
➡ It is worth mentioning that …
➡ There is (no) reason to believe that …
➡ There is a growing number of …

Ending

➡ All things considered, …
➡ In short, …
➡ In other words, …
➡ What it comes down to in the end is that …
➡ On the basis of these findings, it would seem that …
➡ This … may well be a possibility for the future.
➡ Whatever the future may hold …

 Markiere mit einem Textmarker die Phrasen, die dir besonders gut gefallen, und verwende sie in deinem nächsten *article*.

Platz für Notizen

EINEN ARTICLE ÜBERARBEITEN

 Ü22 Eine Schülerin hat zu folgender Aufgabenstellung einen *article* geschrieben, welcher noch nicht ganz gelungen ist. Bearbeite die Schülerinnenarbeit! Lies zuerst die **Aufgabenstellung** und die **Korrekturanleitung** genau durch!

Aufgabenstellung (writing task)

Recently you have heard the statement **'The world would be a better place if it were run by women'**. It got you thinking about gender equality and the role of women in society.

At school, all students are asked to write an article on a controversial theme and therefore you choose the empowering of women in society.

In your **article** you should:

➡ outline the current situation concerning men and women in leading positions
➡ describe general gender differences and stereotypes
➡ comment on reasons why there are fewer women in leading positions

Write around **400 words** and include an interesting **title**!

Korrekturanleitung: den article inhaltlich, strukturell und sprachlich überarbeiten

Folgende Fragen musst du dir bei der Korrektur dieses Schülerinnentextes stellen:

➡ Gibt es eine interessante Überschrift?
➡ Ist der Text richtig gegliedert?
➡ Ist der *article* interessant geschrieben? Regt er zum Weiterlesen an?
➡ Werden Wortwiederholungen vermieden?
➡ Wird die Aufgabenstellung verstanden?
➡ Werden nur Argumente angeführt, die zum Thema passen?
➡ Werden zwischen den einzelnen Teilen erkennbare Absätze gemacht und wird ein Abstand gelassen?
➡ Werden passende Phrasen verwendet?
➡ Gibt es Ausdrucksfehler?
➡ Umfasst die Wortanzahl die geforderte Länge (+/– 10 %)?

unkorrigierter Ausgangstext der Schülerin

Is Empowering Women a Good Idea?

In the past years the role and perception of women has changed. It all began with their right to vote and their emancipation from dominant male-reigned beliefs.
5 Nowadays, still most leading positions are held by men. The question arises if it is for the best in this way or would it be best if women ruled the world?

What would change? Women
10 communicate differently, they think and listen differently, probably they also lead differently. Maybe women would try to improve child care or the equality of both sexes. They are more team-oriented than
15 men. There are many gender stereotypes about women, for example they talk too much and are touchy. However, it depends on each woman in the leading position what she would do and how she would do
20 it.

There is no doubt that, it would be good if more women were in leading positions, but not just women. A balance between men and women in leading positions
25 would be ideal because they would compensate each other's weaknesses. In order for this to be able to happen, everyone has to regard men and women as equals. There is no reason to believe that
30 anything would be worse by empowering women.

The reasons why more men are still in leading positions are varied. Most women do not have the time or willingness to
35 sacrifice their lives for a job, because they want to have children and care for them. That is also the reason why women are not as willing to commit to a contract as men because they can become pregnant at any
40 time and that makes it difficult for women to work their way up a career ladder.

It can be said that everyone should welcome the empowering of women. They should not replace men but they should at
45 least make a little room for them.

(314 words)

Meine Randnotizen

1. Lösungsvorschlag

Fehlerhafte Textstellen	Anmerkungen/Textkorrekturvorschläge
Is Empowering Women a Good Idea?	*Titel kurz und prägnant formulieren:* Empowering Women – Good Idea?
	Namen der Verfasserin angeben (by-line): by Jane Smilington
In the past years the role and perception of women has changed. It all began with their right to vote and their emancipation from dominant male-reigned beliefs.	*Wortwiederholung vermeiden* their right to vote and emancipation
Nowadays, still most leading positions are held by men. The question arises if it is for the best in this way or would it be best if women ruled the world?	*kein englischer Ausdruck:* if it is for the best or would it be better
What would change? Women communicate differently, they think and listen differently, probably they also lead differently.	*kein englischer Ausdruck:* and they probably also
Maybe women would try to improve child care or the equality of both sexes. They are more team-oriented than men.	*Verallgemeinerungen vermeiden:* It can be said that women tend to be more team-oriented than men are.
	nur ein Argument (bullet point) pro Absatz: *Absatz teilen und Gedanken ausschmücken:* Some women in leading positions might be exemplary in juggling a family and their career.
There are many gender stereotypes about women, for example they talk too much and are touchy. However, it depends on each woman in the leading position what she would do and how she would do it.	*kein englischer Ausdruck:* However, each woman is different and therefore those in leading positions will be too.
	Mehr Informationen anführen: Such individuals can be an inspiration to the members of the female sex all over the world.
There is no doubt that, it would be good if more women were in leading positions, but not just women. A balance between men and women in leading positions would be ideal because they would compensate each other's weaknesses.	*Angabe beachten, beim Thema bleiben*
In order for this to be able to happen, everyone has to regard men and women as equals.	*Verallgemeinerungen vermeiden:* it would be best if everyone tried to
There is no reason to believe that anything would be worse by empowering women.	*kein englischer Ausdruck:* … there would be any harm in
The reasons why more men are still in leading positions are varied. Most women do not have the time or willingness to sacrifice their lives for a job, because they want to have children and care for them.	*einleitende Phrasen verwenden:* It is worth mentioning that there are different reasons why more men are in leading positions.

Fehlerhafte Textstellen	Anmerkungen/Textkorrekturvorschläge
That is also the reason why women are not as willing to commit to a contract as men are because they can become pregnant at any time and that makes it difficult for women to work their way up a career ladder.	*nicht zu lange Sätze bilden:* … at any time. Therefore, it is difficult …
It can be said that everyone should welcome the empowering of women.	*einleitende Phrasen verwenden:* All things considered, it can be said that … On the basis of these findings, … Whatever the future may hold, …
They should not replace men but they should at least make a little room for them.	*Wortwiederholungen vermeiden:* Men should at least make a little room for women.
(314 words)	*geforderte Wortanzahl einhalten (+/− 10 %)!*

2. korrigierte Endfassung

Empowering Women – Good Idea?
by Jane Smilington

In the past years the role and perception of women has changed. It all began with their right to vote and emancipation from dominant male-reigned beliefs. Nowadays, still most leading positions are held by men. The question arises if it is for the best, or would it be better if women ruled the world?

5 What would change? Women communicate differently, they think and listen differently, and they probably also lead differently. Maybe women would try to improve child care or the equality of both sexes. Some women in leading positions might be exemplary in juggling a family and their career.

It can be said that women tend to be more team-oriented than men are. There are many gender
10 stereotypes about women, for example they talk too much and are touchy. However, each woman is different and therefore those in leading positions will be too. Such individuals can be an inspiration to the members of the female sex all over the world.

There is no doubt that it would be good if more women were in leading positions. A balance between men and women in leading positions would be ideal because they would compensate
15 each other's weaknesses. In order for this to be able to happen, it would be best if everyone tried to regard men and women as equals. There is no reason to believe that there would be any harm in empowering women.

It is worth mentioning that there are different reasons why more men are in leading positions. Most women do not have the time or willingness to sacrifice their lives for a job, because they
20 want to have children and care for them. That is also the reason why women are not as willing to commit to a contract as men are because they can become pregnant at any time. Therefore, it is difficult for women to work their way up a career ladder.

All things considered, it can be said that everyone should welcome the empowering of women. On the basis of these findings, women should not replace men but whatever the future may hold,
25 men should make at least a little room for women.

(367 words)

ÜBUNGSBEISPIELE ARTICLE

Beispiel 1

Nowadays more and more people are trying to become green and are willing to make adjustments to their lifestyles and invest in their houses to help save the planet. You support this trend and write an article for your local newspaper on the theme.

In your **article** you should:

- explain the importance of living a green life
- outline what can be done to change one's lifestyle
- suggest how to make one's home environmentally-friendly

Write around **250 words** and include an interesting **title**!

Tipps:

- Welche Möglichkeiten gibt es, einen umweltfreundlichen Lebensstil zu pflegen?

- Stelle dir die Frage, inwieweit du selbst mit deinem Lebensstil die Umwelt schonst.

- Welche Möglichkeiten fallen dir spontan ein, um die Umwelt weniger zu belasten?

Beispiel 2

Online you have read about the WHO's Global School Health Initiatives' aim to create 'health-promoting schools'. You have decided to write an article for your school magazine with tips on how to make your school a healthier place.

In your **article** you should:

- outline the importance of a healthy lifestyle
- explain what changes would have to be made in order to become a healthier school
- give possible reactions to such an adjustment

Write about **400 words** and include an interesting **title**!

Tipps:

- Was fällt dir spontan zum Thema „gesunder Lebensstil" ein?

- Wie gesund lebst du? Führe ein Beispiel an!

- Wie ist die Situation an deiner Schule? Entspricht sie den Kriterien einer „gesunden Schule"?

SELBSTKONTROLLE

Kreuze bei folgenden Aussagen an, wie du dich selbst einschätzt.

	😊	😐	☹️
Ich weiß, was die Textsorte *article* bedeutet. (▶ S. 35)			
Ich weiß, wie ich einen *article* gliedern muss. (▶ S. 36)			
Ich weiß, wie ich einen gelungenen Titel schreiben kann. (▶ S. 40)			
Ich weiß, wie ein *paragraph* aufgebaut sein muss. (▶ S. 39)			
Ich habe mir die Schritt-Für-Schritt-Anleitung gemerkt. (▶ S. 37–40)			
Ich weiß, dass ich die vorgegebene Angabe durchlesen und bearbeiten muss. (▶ S. 37)			
Ich habe mir mindestens 5 Formulierungshilfen gemerkt. (▶ S. 42)			

Platz für Notizen

REPORT (BERICHT)

WAS IST EIN REPORT?

Der **report** ist ein Bericht, in dem du einen bestimmten Sachverhalt (= eine Tatsache, eine Situation, ein Ereignis oder eine Information) genau und sachlich beschreibst. Häufig musst du dich auf eine Tabelle, eine Statistik oder eine Grafik beziehen, diese besprechen und anschließend eine Empfehlung dazu abgeben.

Wenn du einen *report* schreibst, wird von dir verlangt, dass du zu einem bestimmten Thema einen Text formulierst, der …

- Fakten, Angaben und Informationen klar und präzise wiedergibt.
- der Leserin/dem Leser mögliche Lösungswege zeigt und Empfehlungen abgibt.
- sachlich bzw. neutral formuliert ist.
- klar und logisch aufgebaut ist.
- die Angabe beinhaltet.
- keine einzelnen Phrasen oder Sätze aus der Angabe wortwörtlich übernimmt.
- keine Abkürzungen (z. B. *don't, can't* …) oder umgangssprachlichen Formulierungen enthält.
- die indirekte Rede (= *reported speech*) für Aussagen anderer Personen beinhaltet.
- ich-Formulierungen vermeidet.
- die geforderte Länge (+/− 10 %) einhält, ansonsten kommt es zu einem Punkteabzug (▶ *Assessment Scale,* S. 13).

W!CHTIG | Konzentriere dich stets auf das Wichtige und lasse unnötige Details weg!

Ü23 Gib nun in eigenen Worten wieder, was ein *report* ist.

Ü24 Nenne drei Punkte, worauf du beim Schreiben eines *reports* achten musst.

Was ist der Ausgangspunkt meines reports?

Bevor du mit dem Schreiben beginnst, lies die Aufgabenstellung genau durch und überlege, was von dir verlangt wird. Sollst du eine Statistik bzw. Grafik beschreiben und analysieren, oder musst du eine Empfehlung abgeben? Mach dir auf deinem Angabeblatt Notizen, welche du anschließend durchstreichst, und markiere wichtige Begriffe!

Als Ausgangspunkt kannst du eine Grafik, eine Statistik oder ein Diagramm erwarten.

Wer soll meinen report lesen?

Du schreibst deinen *report* für eine bestimmte Person oder Personengruppe. Das können die Leserinnen und Leser einer Zeitschrift sein, Kolleginnen und Kollegen, eine Vorgesetzte/ein Vorgesetzter, eine Institution etc.

Wie ist ein report aufgebaut?

Ein *report* besteht immer aus fünf Teilen, welche jeweils durch einen Absatz kenntlich gemacht werden:

- ➡ KOPF
- ➡ BETREFFZEILE
- ➡ EINLEITUNG
- ➡ HAUPTTEIL
- ➡ SCHLUSS

KOPF (HEAD)	**Der Kopf nennt ...** ➡ die Empfängerin/den Empfänger. ➡ die Autorin/den Autor. ➡ das Datum.
BETREFFZEILE (SUBJECT)	**Die Betreffzeile ...** ➡ muss sich auf den Inhalt des *reports* beziehen.
EINLEITUNG (INTRODUCTION)	**Die Einleitung ...** ➡ umfasst einen oder mehrere kurze Einleitungssätze, in denen die Fragen *Was? Warum? Für wen?* beantwortet werden.
HAUPTTEIL (MAIN BODY)	**Der Hauptteil ...** ➡ ist der längste Teil. ➡ besteht aus einem Absatz oder mehreren Absätzen, wo jeweils ein Arbeitsauftrag behandelt wird, vor jedem Absatz muss eine Überschrift stehen, die erklärt, worum es in dem Abschnitt geht.
SCHLUSS (CONCLUSION)	**Der Schluss ...** ➡ kann die wesentlichen Aussagen noch einmal zusammenfassen. ➡ kann eine Schlussfolgerung beinhalten. ➡ kann eine abschließende Empfehlung abgeben.

SCHRITT FÜR SCHRITT
ZU EINEM GELUNGENEN REPORT

Diese 7-Schritte-Anleitung ist dein Fahrplan zu einem gelungenen *report*. Wenn du dich an diese Schritte hältst, wird dein *report* ohne Probleme gelingen.

1. SCHRITT: Angabe genau lesen

Die Angabe beinhaltet in der Regel Zahlen, welche anhand einer Statistik, einer Grafik oder eines Diagrammes dargestellt werden können. Hier ist es besonders wichtig, dass du diese sehr genau betrachtest, damit du nichts falsch verstehst.

 Du musst dich genau an die vorgegebenen Daten und Fakten halten und darfst auf keinen Fall etwas verändern!

 Lies die folgende Aufgabenstellung genau durch und notiere in Stichworten, welche vier Hauptaussagen diese Grafik beinhaltet.

→ ....

→ ....

→ ....

→ ....

The local authority of your town is concerned about the increasing number of severe bike accidents especially among teenagers. They plan to launch a campaign to improve this situation. Therefore, the mayor has decided to carry out a survey among teenagers aged from 13 to 17 to find out if or how often they wear cycle helmets when riding their bikes.

You have been asked to write a report for the local newspaper based on the chart below.

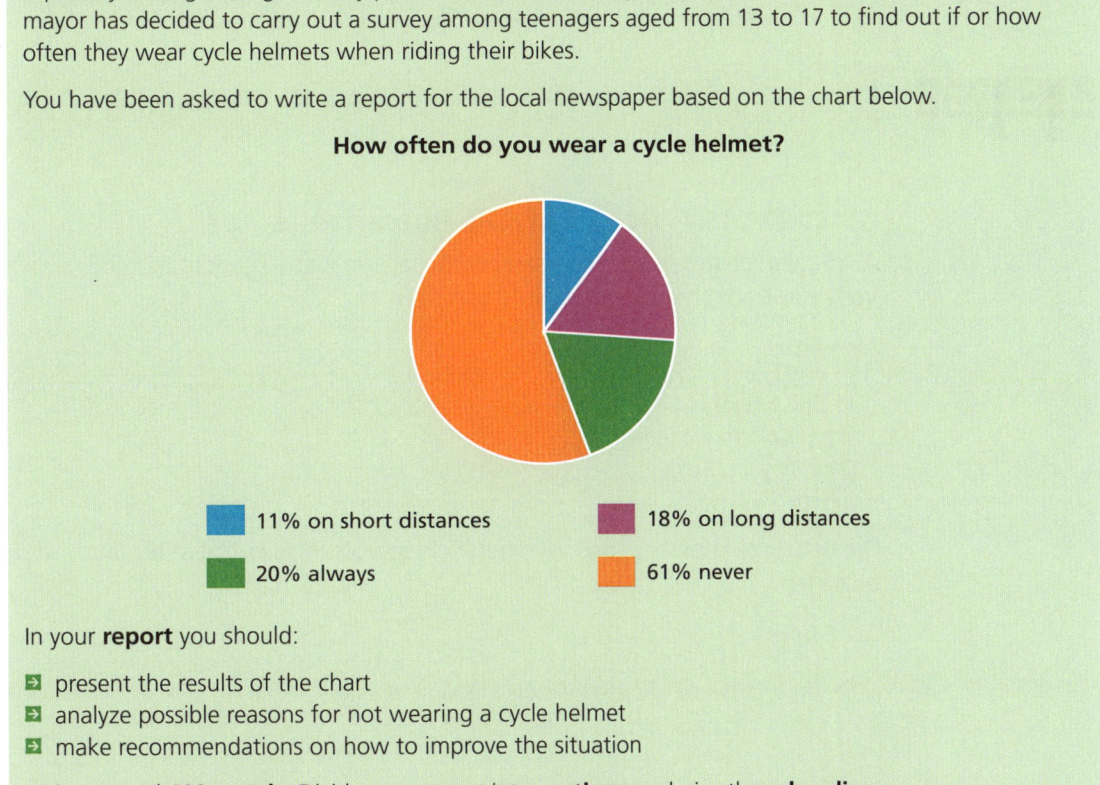

How often do you wear a cycle helmet?

- 11% on short distances
- 18% on long distances
- 20% always
- 61% never

In your **report** you should:

➔ present the results of the chart
➔ analyze possible reasons for not wearing a cycle helmet
➔ make recommendations on how to improve the situation

Write around **400 words**. Divide your report into **sections** and give them **headings**.

2. SCHRITT: Die Stoffsammlung

Bevor du mit dem Schreiben deines *reports* beginnst, solltest du dir zu der Aufgabenstellung Gedanken machen.

 Folgende Fragen können dir dabei helfen:

→ Wie sieht die Situation in deinem Umfeld aus?

→ Trägst du selbst einen Fahrradhelm?

→ Welche Gründe könnte es geben, dass Jugendliche ihre Gesundheit aufs Spiel setzen, indem sie keinen Helm tragen?

→ Wie könnte man junge Leute animieren, einen Fahrradhelm zu tragen?

W!CHTIG Achte bei all deinen Überlegungen stets darauf, die **Grafik richtig einzubauen**!

3. SCHRITT: Der Kopf/Die Betreffzeile

Am Beginn deines *reports* führst du immer an, an wen er gerichtet ist, du nennst die Verfasserin/den Verfasser und gibst das Erscheinungsdatum an.

Zum Beispiel:

To: The Mayor From: Katharina Steurer Date: July 11, 2019	*Der Kopf*

Die Betreffzeile besteht aus wenigen Schlagworten. Hier musst du dich auf den Inhalt des *reports* beziehen.

Zum Beispiel:

Report on the use of cycle helmets among teenagers	*Die Betreffzeile*

4. SCHRITT: Die Einleitung

Die Einleitung besteht meistens aus ein bis drei Sätzen. Hier musst du folgende Fragen beantworten:

→ **Was** ist das Thema meines *reports*?
→ **Warum** verfasse ich einen *report*?
→ **Für wen** schreibe ich ihn?

W!CHTIG | Als Überschrift für deine Einleitung verwende immer *„introduction"*!

Zum Beispiel:

Introduction	*subheading*
The purpose of this report is to describe how many teenagers in our local community wear cycle helmets when riding their bikes. It is based on a survey recently carried out by the mayor. The results are presented below together with my recommendations.	*Einleitung*

 Ü27 Schreibe nun ein eigenes Beispiel! Verwende dieselbe Angabe!

	subheading
	Einleitung

5. SCHRITT: Der Hauptteil

Der Hauptteil besteht meist aus zwei bis vier Absätzen, welche jeweils mit einer eigenen Überschrift eingeleitet werden müssen.

→ Jeder Absatz (= *paragraph*) soll einen Arbeitsauftrag beinhalten.
→ Besonders beim Beschreiben einer Grafik, eines Diagramms oder einer Statistik ist es wichtig, dass du geeignete Phrasen verwendest, die du am Ende dieses Kapitels auf Seite 56 findest.

W!CHTIG | Die Überschrift muss klarstellen, worum es im folgenden Absatz geht!

Zum Beispiel:

Results	*subheading*
According to the pie chart, 61 % of all questioned teenagers admit that they never wear cycle helmets when riding their bikes. Less than a third always wears a helmet to protect themselves. Surprisingly, only 18 % wear a bike helmet on long distances compared to 11 % who also wear one on short distances.	*paragraph*

 Ü28 Überlege dir nun selbst einen *paragraph* zum Thema *„cycle helmets"*.

	subheading
	paragraph

6. SCHRITT: Der Schluss

Der Schluss besteht oft nur aus ein oder zwei Sätzen. Je nach Aufgabenstellung kannst du die wesentlichen Aussagen noch einmal zusammenfassen, eine Schlussfolgerung oder Empfehlung abgeben.

W!CHTIG | Als Überschrift für deinen Schlussteil verwende immer „*conclusion*"!

Zum Beispiel:

Conclusion	*subheading*
All in all it can be summarized that too many teenagers do not wear a cycle helmet. Therefore, I would strongly recommend that all teenagers in our town are provided with free cycle helmets and should be made aware of possible dangers of riding their bikes without one.	*Schluss*

7. SCHRITT: Die Überarbeitung

Bevor du deinen *report* abgibst, solltest du auf jeden Fall noch einmal folgende Punkte kontrollieren:

- Hast du die Aufgabenstellung gut durchgelesen und verstanden?
- Hast du das richtige Layout verwendet? (Empfängerin/Empfänger – Autorin/Autor – Datum)
- Hast du eine Einleitung, einen Hauptteil (pro Absatz ein Arbeitsauftrag) und einen Schlussteil geschrieben?
- Hast du vor deiner Einleitung und deinem Schlussteil eine Überschrift?
- Hast du deinen Hauptteil in Absätze gegliedert und vor jedem Absatz eine Überschrift gemacht, die erklärt, worum es geht?
- Hast du zwischen den einzelnen Teilen erkennbare Absätze gemacht und einen Abstand gelassen?
- Hast du formelle Sprache verwendet? (▶ siehe *useful phrases*, S. 56)
- Hast du sachlich und präzise geschrieben?
- Hast du Rechtschreibung, Grammatik und Ausdruck kontrolliert?
- Hast du die geforderte Wortanzahl eingehalten (+/− 10 %)?

Platz für Notizen

✔CHECKLISTE Report

HEAD	To: From: Date:
SUBJECT	**1 phrase** → present the topic
INTRODUCTION	**2–3 sentences** → answer the questions what – who – for whom
MAIN BODY	**2–4 paragraphs** → include bullet points → find a suitable heading for each paragraph
CONCLUSION	**2–3 sentences** → summary → conclusion → recommendation

Ü29 Fasse nun die wesentlichen Merkmale der Textsorte *report* noch einmal zusammen!

Ü30 Werde dir klar, worauf du besonders achten musst, wenn du einen *report* schreibst. Schreibe jene Punkte, die dir besonders wichtig erscheinen, stichwortartig heraus.

Ich achte besonders auf:

→ ---

→ ---

→ ---

Ü31 Lies die Formulierungshilfen genau durch und schreibe jene auf, die du in deinem nächsten *report* verwenden möchtest.

.B

USEFUL PHRASES

Introduction

- As requested, I have researched …
- As requested, here is the information I have collected on …
- This report is intended to provide information on …
- The aim of this report is to inform …
- The purpose of this report is to …
- This report examines …
- This report will analyze …
- This report is based on … (a survey)
- The source for this report is … (a recent survey on …)
- I spoke to …/questioned …/interviewed … and the results are presented below.
- The key findings are outlined below.

Main body

- Most people seem to feel that/have/use …
- Several people claim/state/suggest that …
- There are a number of reasons for …
- There are several factors which affect …
- As might have been expected …
- Contrary to expectations …
- It is important to add that …
- Furthermore, one should not forget that …

Dealing with charts/statistics

- The chart above provides an overview of …
- The chart underlines the fact that …
- According to the chart/data …
- The following pie chart/bar chart shows …
- The line graph shows the trend in …
- There is a slight/moderate/steady increase in …
- There has been a considerable/significant/an enormous decrease in …
- Around/Nearly/Almost/About/Approximately … percent of …
- The amount of … has remained steady/stable/constant/unchanged at …
- … reached their highest level/sank to …
- The figures show …
- The figures for … have risen/fallen (since) …
- Compared to … the figures for … are high/low.

Conclusion/Recommendations

- In short/brief it should therefore be concluded that …
- To summarize/sum up it has been shown that …
- All in all, it can be summarized that …
- Finally, it should be mentioned that …
- It is clear/obvious that …
- For this reason, it might be a good idea to …
- A possible solution would be …
- It is suggested/recommended/proposed that …
- I/We would (strongly) recommend that …
- It is essential to …
- It would be advisable to …

Die Textsorten .B

EINEN REPORT ÜBERARBEITEN

 Ü32 Ein Schüler hat zu folgender Aufgabenstellung einen *report* geschrieben, welcher noch nicht ganz gelungen ist.

Bearbeite die Schülerarbeit! Als Erstes lies die **Aufgabenstellung** und die **Korrekturanleitung** genau durch!

Aufgabenstellung (writing task)

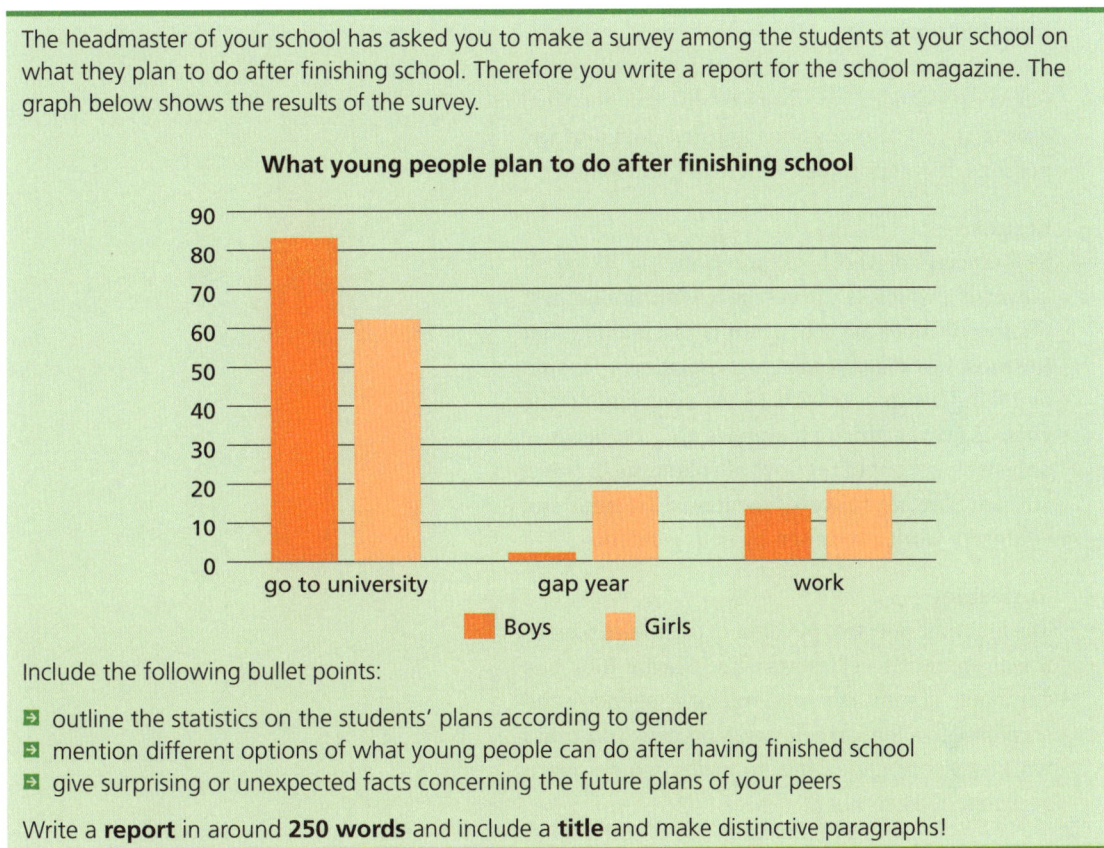

The headmaster of your school has asked you to make a survey among the students at your school on what they plan to do after finishing school. Therefore you write a report for the school magazine. The graph below shows the results of the survey.

What young people plan to do after finishing school

Include the following bullet points:

- ➡ outline the statistics on the students' plans according to gender
- ➡ mention different options of what young people can do after having finished school
- ➡ give surprising or unexpected facts concerning the future plans of your peers

Write a **report** in around **250 words** and include a **title** and make distinctive paragraphs!

Korrekturanleitung: den report inhaltlich, strukturell und sprachlich überarbeiten

Folgende Fragen musst du dir bei der Korrektur dieses Schülertextes stellen:

- ➡ Wird in der Einleitung auf die Themenstellung eingegangen und sind die Fragen *wer – was – für wen* inkludiert?
- ➡ Gibt es inhaltliche Wiederholungen?
- ➡ Entspricht das Layout der Textsorte *report*?
- ➡ Ist der Text in Einleitung, Hauptteil und Schluss gegliedert?
- ➡ Befindet sich vor jedem Absatz im Hauptteil eine Überschrift, die sich auf den Inhalt bezieht?
- ➡ Werden keine umgangssprachlichen Formulierungen verwendet?
- ➡ Ist der Text neutral und sachlich formuliert?
- ➡ Gibt es Fehler im Ausdruck?
- ➡ Umfasst der Text die geforderte Wortanzahl?

B

1. unkorrigierter Ausgangstext des Schülers

To: The Headmaster
From: Sarah Scheuner
Date: Feb 18, 2019

The Plans of Young People After Finishing School

Introduction

This report outlines the results of a survey on what our young generation wants to do after the final exams. It will also consider unusual data and the
5 possible distinctions between males and females.

Results

84 per cent of the boys are planning to go to university, which is the category with the highest number. With 64 per cent by the girls it is altogether
10 the most favored. The next highest category would be taking a gap year with 18 per cent among the girls. However, this only applies to girls because only two per cent of the boys are planning to travel abroad. Starting to work, vocational training and
15 voluntary work are chosen by both genders.

Curiosities

The fact that only two per cent of the males plan to travel abroad is very surprising. Maybe they can combine community or military service and
20 travelling to a foreign country. Moreover, voluntary work seems to appeal less to males, which seems very much like a cliché.

Possible distinctions

One reason for a 20 per cent gap between both
25 genders in the category university could be that girls want to travel before they start a new chapter in their life and begin to study. Moreover, it is balanced in regard to gender since most boys still have community or military service. Therefore, the
30 males are not interested in losing another year, so they directly go to university.

Conclusion

It can be said that going to university is an option for the majority of the questioned girls and boys at
35 our school. However, there are differences between the two genders.

(286 words)

Meine Randnotizen

2. Lösungsvorschlag

Fehlerhafte Textstellen	Anmerkungen/Textkorrekturvorschläge
Introduction This report outlines the results of a survey on what our young generation wants to do after the final exams. It will also consider unusual data and possible distinctions between males and females.	*auf die Themenstellung eingehen:* what pupils in their final classes at our school want
Results 84 per cent of the boys are planning to go to university, which is the category with the highest number. With 64 per cent by the girls it is altogether the most favored.	*kein englischer Ausdruck:* Among the girls, 64 per cent want to choose this career path.
The next highest category would be taking a gap year with 18 per cent among the girls. However, this only applies to girls because only two per cent of the boys are planning to travel abroad. Starting to work, vocational training and voluntary work are chosen by both genders.	*kein englischer Ausdruck:* Among both genders are voluntary work, vocational training and starting to work.
Curiosities The fact that only two per cent of the males plan to travel abroad is very surprising. Maybe they can combine community or military service and travelling to a foreign country. Moreover, voluntary work seems to appeal less to males, which seems very much like a cliché.	*keine umgangssprachlichen Formulierungen verwenden:* which reinforces a common cliché
Possible distinctions One reason for a 20 per cent gap between both genders in the category university could be that girls want to travel before they start a new chapter in their life and begin to study.	*keine umgangssprachlichen Formulierungen verwenden:* start a new career
Moreover, it is balanced in regard to gender since most boys still have community or military service.	*inhaltliche Wiederholungen weglassen*
Therefore, the males are not interested in losing another year, so they directly go to university.	*Verallgemeinerungen vermeiden:* most males might not be …
Conclusion It can be said that going to university is an option for the majority of the questioned girls and boys at our school. However, there are differences between the two genders.	*geeignete Phrasen einbauen:* All in all, it can be summarized that … One should not forget that …
(286 words)	*geforderte Wortanzahl einhalten (+/− 10 %)!*

3. korrigierte Endfassung

To: The Headmaster
From: Sarah Scheuner
Date: Feb 18, 2019

The Plans of Young People After Finishing School

Introduction

This report outlines the results of a survey on what pupils in their final classes at our school want to do after the final exams. It will also consider unusual data and the possible distinctions between males and females.

5 #### Results

84 per cent of the boys are planning to go to university, which is the category with the highest number. Among the girls, 64 per cent want to choose this career path. The next highest category would be taking a gap year with 18 per cent among the girls. However, this only applies to girls because only two per cent of the boys are planning to travel abroad. Among both genders are
10 voluntary work, vocational training and starting to work.

Curiosities

The fact that only two per cent of the males plan to travel abroad is very surprising. Maybe they can combine community or military service and travelling to a foreign country. Moreover, voluntary work seems to appeal less to males, which reinforces a common cliché.

15 #### Possible distinctions

One reason for a 20 per cent gap between both genders in the category university could be that girls want to travel before they start a new career and begin to study. Therefore, most males might not be interested in losing another year, so they directly go to university.

Conclusion

20 All in all, it can be summarized that going to university is an option for the majority of the questioned girls and boys at our school. However, one should not forget that there are differences between the two genders.

(274 words)

Platz für Notizen

ÜBUNGSBEISPIELE REPORT

Beispiel 1

At school you have discussed the theme of imported goods in comparison to locally grown foods and your teacher has asked you to write a report on the topic.

In your **report** you should:

➡ explain the importance of investing in locally grown fruits and vegetables
➡ outline differences between supermarkets and farmers' markets
➡ suggest what can be done to support farmers' markets

Write around **250 words**! Do not forget to include a **title** as well as **subheadings** and paragraphs!

Tipps:

▪ Überlege dir, welche Möglichkeiten es gibt, lokal produzierte Produkte zu fördern.

▪ Inwieweit unterstützt du selbst mit deinem Lebensstil heimische Produzenten?

▪ Welche Möglichkeiten fallen dir ein, um die Nachfrage nach lokalen Produkten zu steigern?

Beispiel 2

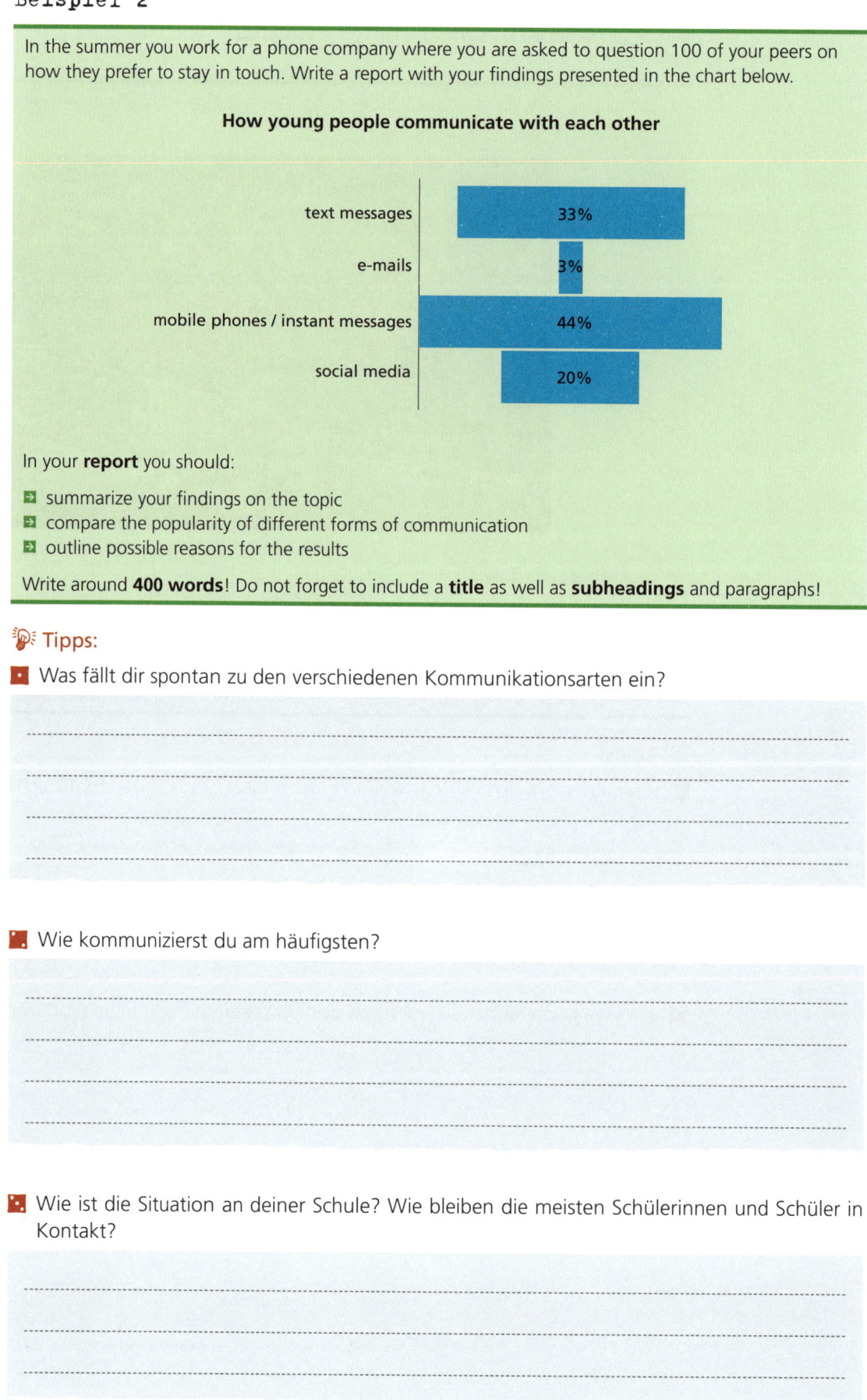

In the summer you work for a phone company where you are asked to question 100 of your peers on how they prefer to stay in touch. Write a report with your findings presented in the chart below.

How young people communicate with each other

text messages	33%
e-mails	3%
mobile phones / instant messages	44%
social media	20%

In your **report** you should:

- ➡ summarize your findings on the topic
- ➡ compare the popularity of different forms of communication
- ➡ outline possible reasons for the results

Write around **400 words**! Do not forget to include a **title** as well as **subheadings** and paragraphs!

💡 Tipps:

🔳 Was fällt dir spontan zu den verschiedenen Kommunikationsarten ein?

🔳 Wie kommunizierst du am häufigsten?

🔳 Wie ist die Situation an deiner Schule? Wie bleiben die meisten Schülerinnen und Schüler in Kontakt?

Die Textsorten B

SELBSTKONTROLLE

Kreuze bei folgenden Aussagen an, wie du dich selbst einschätzt.

	😊	😐	😞
Ich weiß, was die Textsorte *report* bedeutet. (▶ S. 49)			
Ich weiß, wie ich einen *report* gliedern muss. (▶ S. 50)			
Ich habe mir die Schritt-Für-Schritt-Anleitung gemerkt. (▶ S. 51–54)			
Ich weiß, dass ich die vorgegebene Angabe durchlesen und bearbeiten muss. (▶ S. 51)			
Ich weiß, wie die einzelnen Absätze aufgebaut sein müssen. (▶ S. 53)			
Ich habe mir mindestens 5 Formulierungshilfen gemerkt. (▶ S. 56)			

Platz für Notizen

E-MAIL/LETTER (BRIEF)

4.1 WAS IST EINE (FORMAL) E-MAIL/ EIN (FORMAL) LETTER?

Eine **(formelle) E-Mail**/Ein **(formeller) Brief** ist eine (digitale) Nachricht an eine oder mehrere Personen im privaten oder beruflichen Umfeld. Du musst hier besonders darauf achten, dass du die Aufgabenstellung genau durchliest und dir darüber klar wirst, ob du zum Beispiel einen Ratschlag geben sollst, dich beschweren willst oder dich für einen Job bewirbst. Der **Brief** ist eine Textsorte, die **nur in der BHS** vorkommt.

Wenn du eine formelle E-Mail oder einen formellen Brief schreiben musst, wird von dir verlangt, dass du …

- ➡ die Aufgabenstellung genau durchliest.
- ➡ dir darüber klar wirst, was der Zweck deines Schreibens ist.
- ➡ dir bewusst machst, wer die Empfängerin/der Empfänger ist.
- ➡ einen der Aufgabenstellung angemessenen Schreibstil wählst (formell, neutral, persönlich).
- ➡ keine umgangssprachlichen Formulierungen oder Kurzformen verwendest.
- ➡ das richtige Layout verwendest: **Empfängerin / Empfänger (Brief) – Absenderin / Absender (Brief) – Betreff – Datum (Brief) – Anrede – Text – Verabschiedung – Unterschrift**
- ➡ den Text ansprechend optisch gliederst, indem du Absätze machst.
- ➡ die geforderte Länge von 250 Wörtern einhältst (+/– 10 %), ansonsten kommt es zu einem Punkteabzug (▶ *Assessment Scale,* S. 13)

W!CHTIG | Du musst die Empfängerin/den Empfänger direkt ansprechen!

Ü33 Gib nun in eigenen Worten wieder, was eine *e-mail*/ein *letter* ist.

Ü34 Nenne mindestens vier Punkte, worauf du beim Schreiben einer *e-mail*/eines *letters* achten musst:

➡ --

➡ --

➡ --

➡ --

Die Textsorten B

Was ist der Ausgangspunkt meiner e-mail/meines letters?

Bevor du mit dem Schreiben beginnst, musst du die Aufgabenstellung genau durchlesen und überlegen, was du mit deinem Schreiben bezwecken willst. Du kannst auf deinem Angabeblatt Notizen machen, die du anschließend durchstreichst.

Es gibt insgesamt vier verschiedene Möglichkeiten für deine Aufgabenstellung:

- ➡ *e-mail / letter of application* (= Bewerbungsschreiben)
- ➡ *e-mail / letter of complaint* (= Beschwerdebrief)
- ➡ *e-mail / letter to the editor* (= Leserbrief)
- ➡ *e-mail / letter of enquiry* (= Anfrage)

Wer soll meine e-mail/meinen letter lesen?

Du schreibst deinen Text stets für eine oder mehrere bestimmte Person/en, welche in der Angabe genannt wird/werden.

Wie ist eine e-mail/ein letter aufgebaut?

Eine *e-mail*/Ein *letter* besteht aus neun Teilen, welche jeweils durch einen Absatz kenntlich gemacht werden.

BRIEFKOPF (HEADING)	**Name, Adresse, Datum, Kontakt**
BETREFFZEILE (SUBJECT)	**Die Betreffzeile muss …** ➡ sich auf den Inhalt der E-Mail/des Briefes beziehen.
ANREDE (SALUTATION)	**Die Anrede muss …** ➡ an eine bestimmte Person gerichtet oder allgemein gehalten sein. ➡ formell sein. Hierfür gibt es mehrere Möglichkeiten: ➡ *Dear Mr./Mrs./Ms.* …, (mit dem Nachnamen) ➡ *Dear Sir or Madam,* (wenn der Nachname nicht bekannt ist) ➡ *To whom it may concern,* (falls die/der Empfängerin/Empfänger nicht bekannt ist) **W!CHTIG** Du kannst dir aussuchen, ob du nach der Anrede und Verabschiedung einen Beistrich setzt oder nicht, du musst es nur durchgängig machen!
GRUND DES SCHREIBENS (INTRODUCTION)	**Der Grund des Schreibens muss …** ➡ explizit genannt werden und abhängig von der Aufgabenstellung formuliert werden: *Anfrage, Beschwerde, Bewerbung, Leserbrief*
BEZUGNAHME AUF VORHERGEHENDEN KONTAKT (REFERENCE)	**Die Bezugnahme auf den vorhergehenden Kontakt …** ➡ muss nicht immer angeführt werden. ➡ ist von der Aufgabenstellung abhängig.
HAUPTTEIL (MAINPART)	**Der Hauptteil …** ➡ ist der längste und ausführlichste Teil. ➡ enthält alle relevanten Informationen: Für jeden Punkt, der eine neue Information beinhaltet, muss ein neuer Absatz gemacht werden.
SCHLUSS (ENDING)	**Der Schluss muss …** ➡ die Hauptinformation, den Appell beinhalten.

VERABSCHIEDUNG (GREETINGS)	**Die Verabschiedung muss …** ➡ formell sein. Hierfür gibt es zwei Möglichkeiten: ➡ *Yours sincerely*, **Unterschrift** – falls du am Anfang den Namen der Empfängerin/des Empfängers verwendet hast. ➡ *Yours faithfully*, **Unterschrift** – falls du den Namen der Empfängerin/des Empfängers <u>nicht</u> kennst und am Anfang *Madam/Sir* oder *To whom it may concern* geschrieben hast. **W!CHTIG** Wenn du bei deiner Anrede einen Beistrich gemacht hast, setzte auch bei der Verabschiedung einen, ansonsten lasse ihn weg!
UNTERSCHRIFT (SIGNATURE)	

W!CHTIG Anders als im Deutschen beginne den Hauptteil immer mit einem Großbuchstaben!

✓ CHECKLISTE E-mail/Letter

HEADING	name, address, date, contact
SUBJECT	content of e-mail
SALUTATION	Dear Sir/Madam, …
INTRODUCTION	reason for writing
REFERENCE	refer to last contact
MAIN PART	answers to the bullet points
ENDING	polite and direct
GREETINGS	Yours sincerely, Yours faithfully
SIGNATURE	your full name

Platz für Notizen

4.2 WAS IST EINE E-MAIL/ EIN LETTER OF APPLICATION?

Eine *e-mail*/Ein ***letter of application*** ist eine Mail/ein Bewerbungsschreiben, in der/dem du dich aufgrund eines Inserates für eine bestimmte Stelle bewirbst.

Wenn du eine *e-mail*/einen *letter of application* schreibst, wird von dir verlangt, dass du …

- gleich zu Beginn eindeutig Bezug auf die Stellenausschreibung nimmst.
- formelle Sprache verwendest (keine Kurzformen).
- dich höflich und klar ausdrückst.
- den Konjunktiv verwendest *(I would say that …)*.
- deine Stärken hervorhebst.
- genügend Beispiele gibst, die deine Eignung für diese Stelle darlegen.

 Tipp Nenne für die Stellenausschreibung relevante Informationen!

Wie ist eine e-mail/ein letter of application aufgebaut?

BRIEFKOPF + ANREDE	- Briefkopf (nur bei formeller Brief) - Anrede
EINLEITUNG	**Die Einleitung …** - nimmt Bezug auf die Stellenausschreibung. - erläutert den Grund, warum du schreibst.
HAUPTTEIL	**Der Hauptteil …** - gibt wichtige Informationen zu deiner Person (Name, Alter, Ausbildung, Arbeitserfahrung, Hobbys …). - nennt Stärken, Qualifikationen und Erfahrungen, die dich besonders für diesen Job geeignet erscheinen lassen. - führt an, warum du dich für diesen Job bewirbst und wie du dich positiv in deinem neuen Arbeitsumfeld einbringen könntest.
SCHLUSS	**Der Schluss …** - erwähnt, wann du für ein Bewerbungsgespräch zur Verfügung stehst und dass du dich über eine positive Antwort freuen würdest.
VERABSCHIEDUNG	- siehe formeller Brief, S. 66

SCHRITT FÜR SCHRITT ZU EINER GELUNGENEN E-MAIL/ EINEM GELUNGENEN LETTER OF APPLICATION

Diese 7-Schritte-Anleitung ist dein Fahrplan zu einer gelungenen *e-mail*/einem gelungenen *letter of application*. Wenn du dich an diese Schritte hältst, wird dein Bewerbungsschreiben gut gelingen.

1. SCHRITT: Das Inserat genau lesen

Es ist wichtig, dass du das Inserat genau durchliest und überlegst, was von dir verlangt wird.

 Lies die folgende Stellenausschreibung sorgfältig durch und schreibe die wichtigsten Anforderungen, die der Job verlangt, stichwortartig auf!

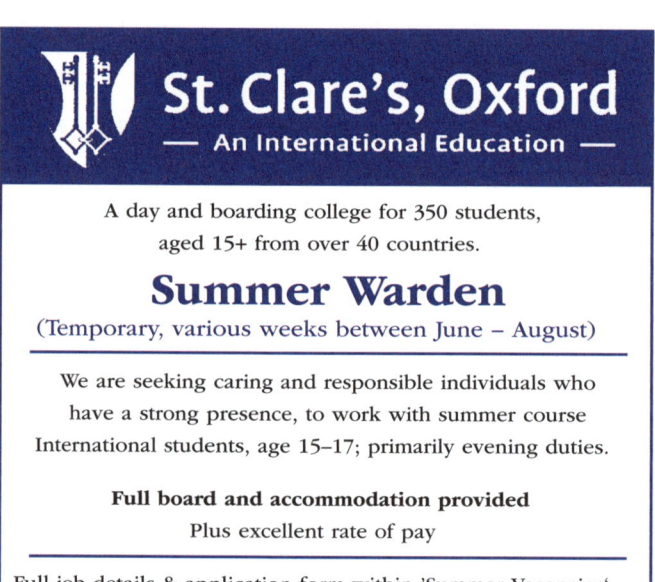

© Daily Info; www.dailyinfo.co.uk/jobs (Stand: 18.4.2017)

Tipp Deine persönlichen Angaben müssen nicht hundertprozentig der Wahrheit entsprechen, weil du diese Bewerbung im Rahmen einer Prüfung schreibst.

2. SCHRITT: Die Stoffsammlung:

Vor dem Schreiben einer gelungenen Bewerbungs-E-Mail/eines gelungenen Bewerbungsbriefes steht die Stoffsammlung (▶ siehe dazu auch S. 18 und 19). Notiere, welche Anforderungen der Job an dich stellt und welche Fähigkeiten für dein Bewerbungsschreiben notwendig sind.

3. SCHRITT: Der Briefkopf

Wenn du einen **Bewerbungsbrief** schreibst, musst du an den Beginn immer einen Briefkopf setzen.

W!CHTIG | Wenn du deine Bewerbung als **E-Mail** schreibst, brauchst du **keinen Briefkopf**!

Am linken Seitenrand steht:	**Am rechten Seitenrand steht:**
Name der Empfängerin/des Empfängers (falls bekannt)	dein Name
Adresse der Empfängerin/des Empfängers	deine Adresse
	dein Kontakt (E-Mail-Adresse, Telefonnummer)
	Datum
Betreffzeile	
Anrede	

Zum Beispiel:

St. Clare´s Oxford 95 Sunset Street Oxford OXI2JD United Kingdom	Julia Eisen Christengasse 17 1080 Wien Austria tel +43 699 123759 j.eisen@iloveenglish.com
	12 April 2018 **oder** April 12, 2018 **oder** April 12th, 2018
Application for the job as a summer warden	
Dear Sir/Madam,	

Ü36 Schreibe nun einen eigenen Briefkopf mit deinen persönlichen Angaben zu folgender Stellenausschreibung!

NEWSPAPER ROUND BEFORE SCHOOL

We need young people (minimum age 16) to deliver newspapers on Saturday and Sunday mornings. The paper round takes 30 minutes and is in the village of Tonbridge. All papers must be delivered before 8 am and you must have your own bike. No experience needed.

Interested? Ask for more details at: Tonbridge Post Office, Mrs. Morrison, TN 103PE, York Parade 20

---

4. SCHRITT: Die Einleitung

Die Einleitung besteht meistens nur aus ein bis zwei Sätzen. Du nimmst Bezug auf die Stellenausschreibung und erklärst den Grund für deine Bewerbung.

 Ü37 Hier findest du zwei Einleitungsbeispiele zur Anzeige *„Summer Warden in Oxford"* (▶ S. 68). Lies sie genau durch, markiere die Stellen, die dir besonders gefallen, und bewerte im Anschluss beide Einleitungen.

Einleitung – Beispiel 1	Einleitung – Beispiel 2
Dear Mrs. Miller,	Dear Sir or Madam,
I am writing to apply for the above position.	On the website 'daily info co.uk' you advertised the position of a summer warden.
I am currently studying at a secondary technical college in Graz in the information technology department and will have my A-levels in June …	One of the reasons why I am applying is that I have experience in the requested field …
➕ ➖ Bewertung: Das gefällt mir, weil …/ Das gefällt mir nicht, weil …	➕ ➖ Bewertung: Das gefällt mir, weil …/ Das gefällt mir nicht, weil …

Ü38 Schreibe nun eine eigene Einleitung zu der Anzeige *„Newspaper Round Before School"*.

5. SCHRITT: Der Hauptteil

Der Hauptteil ist der längste und wichtigste Teil deines Bewerbungsbriefes und besteht meist aus drei Absätzen.

- ➡ Gib im ersten Absatz die wichtigsten Informationen zu deiner Person an.
- ➡ Nenne im zweiten Absatz deine Eignungen für diesen Job.
- ➡ Bekunde im dritten Absatz dein persönliches Interesse für diesen Job.

 Tipp Verwende passende *useful phrases*! (▶ S. 73)

Beispiel zur Anzeige „Summer Warden in Oxford":

> I am a twenty-year-old student who is currently studying English and Politics at the University of Vienna.
> One of the reasons why I am applying for this position is that I have enough experience in the requested field, since I worked as a summer warden in Cambridge last year. I consider myself a strong and reliable person and I enjoy working with young people. I am fluent in English and have a good knowledge of French and Italian.
> I wish to work abroad and therefore be able to apply my knowledge of languages.

Ü39 Schreibe nun einen eigenen Hauptteil zu der Anzeige „*Newspaper Round*".

6. SCHRITT: Der Schluss

Hier ist es wichtig, dass du erwähnst, dass du dich über eine positive Antwort oder eine Einladung zu einem Vorstellungsgespräch freuen würdest.

Wähle eine geeignete Verabschiedung.

Zum Beispiel:

> I hope you will consider my application. Should you require any further information about my qualifications I would be pleased to quote references. I look forward to hearing from you.
>
> Yours faithfully, …

Ü40 Schreibe nun einen eigenen Schluss zu der Anzeige „*Newspaper Round*".

7. SCHRITT: Die Überarbeitung

Bevor du deine *e-mail*/deinen *letter of application* abgibst, solltest du auf jeden Fall noch einmal folgende Punkte kontrollieren:

➲ Hast du die Aufgabenstellung gut durchgelesen und verstanden?

➲ Hast du an den Briefkopf gedacht, wenn du einen formellen Brief schreiben musst?

➲ Hast du die richtige Anrede gewählt?

➲ Hast du in deiner Einleitung Bezug auf die Aufgabenstellung genommen?

➲ Hast du in deinem Hauptteil nur für die Aufgabenstellung relevante Informationen erwähnt?

➲ Bist du vor allem auf deine Stärken eingegangen?

➲ Hast du zwischen den einzelnen Teilen erkennbare Absätze gemacht und einen Abstand gelassen?

➲ Hast du passende Formulierungen und formelle Sprache verwendet? (▶ siehe *useful phrases*, S. 73 – keine Abkürzungen)

➲ Hast du Rechtschreibung, Grammatik und Ausdruck kontrolliert?

➲ Hast du die geforderte Wortanzahl eingehalten (+/− 10 %)?

 Fasse nun die wesentlichen Merkmale der Textsorte *e-mail*/*letter of application* noch einmal zusammen!

Merkmale der *e-mail*/des *letters of application*:

USEFUL PHRASES

Introduction

- In the issue of … (name of paper/magazine) you advertised the position of …
- I was interested to read your advertisement in today's/yesterday's/last week's edition of the …
- I wish/would like to apply for the advertised position.
- I wish to apply for the post of … which you advertised in …
- I would like you to consider my application for the advertised post.
- I am writing in reply/response to your advertisement.
- With reference to your advertisement I am writing to apply for …
- I would like to apply for the position/job of … which was advertised in … on …

Main body

- Having completed my training as a … I am now looking for a position in …
- One of my reasons for applying is …
- I am a seventeen-year-old Austrian student.
- I am currently attending … (name of school) where I am taking a course in … (e.g. business)
- Currently I am working for … and my responsibilities include …
- In addition to my responsibilities as … I also …
- I have just completed a course in …
- My native language is German but I can also speak English and …
- I speak English fluently and have a basic knowledge of … (e.g. French)
- I have been studying English for five years.
- During my studies, I did an internship in …
- During my time as … I improved/extended my knowledge of …
- My strengths are … (e.g. excellent communication skills, logical thinking, good presentation skills, outstanding interpersonal skills …)

- I have a working knowledge of …
- I am an experienced user of …
- I would say that my only weakness is … but I am trying to improve in that area.
- Even under pressure I can maintain high standards and therefore I would be particularly suitable (for the demands of) working as …
- As you can see in my enclosed résumé, my experiences and qualifications match the requirements of …
- I am confident to be able to apply my skills/experience in … in the advertised post.
- This job would give me the opportunity to use my (e.g. IT) skills/to extend my knowledge of …
- I wish to work abroad and use my knowledge of languages.
- My personal skills will enable me to work as an effective member of your team.
- I am highly motivated and look forward to the varied work which a position in your company offers.
- I consider the position a welcome challenge which I look forward to.

Ending

- Enclosed please find my résumé.
- Please find my résumé attached.
- If required I can supply references from …
- Should you require any further information about my qualifications, I would be pleased to quote references.
- The names of the references are given below.
- For information about my command of English I would refer you to my teacher Mag. …
- I am available for an interview at any time/whenever it suits you.
- I am available for an interview at your convenience and can be contacted at 06 …

- I would be delighted to be invited to an interview.
- I would welcome the opportunity to discuss my application with you in person.
- Please contact me via …
- I would welcome the opportunity to discuss details of the position with you personally.
- I look forward to the opportunity to personally discuss why I am particularly suited for this position.
- Thank you for your time and for considering my application.
- I hope you will consider my application.
- I look forward to hearing from you.

 Ü42 Lies die Formulierungshilfen genau durch und markiere jene, die dir besonders gut gefallen und die du in deiner nächsten *e-mail*/deinem nächsten *letter of application* verwenden möchtest.

B

EINEN LETTER OF APPLICATION ÜBERARBEITEN

Ü43 Eine Schülerin hat zu folgender Aufgabenstellung einen *letter of application* geschrieben, welcher noch nicht ganz perfekt ist.

Bearbeite die Schülerinnenarbeit! Als Erstes lies die **Aufgabenstellung** und die **Korrektur-anleitung** genau durch!

Aufgabenstellung (writing task)

You would like to spend some time in the summer holidays improving your English skills. Online in the 'Daily Language' you find an ad for a summer camp warden in Oxford posted by Mrs. Wakefield. They are looking for young, motivated students who have experience working with children and are athletic. The Summer Camp Sun and Fun (at 95 Sunset Street, OX 7105 Oxford) offers full accommodation and a salary of 400 pounds per month.

stock.adobe.com/luckybusiness

In your **letter** you should:

- ⇨ explain who you are
- ⇨ outline why you are interested in the job as a camp guide
- ⇨ give reasons why your qualifications meet the requirements for this specific post

Write around **250 words**! Include suitable phrases and an appropriate beginning and ending!

Korrekturanleitung: den letter of application inhalt-lich, strukturell und sprachlich überarbeiten

Folgende Fragen musst du dir bei der Korrektur dieses Schülerinnentextes stellen:

- ⇨ Wird die Aufgabenstellung verstanden?
- ⇨ Wird ausschließlich formelle Sprache verwendet?
- ⇨ Werden Wortwiederholungen vermieden?
- ⇨ Ist der Briefkopf richtig aufgebaut?
- ⇨ Werden entsprechende Grußformeln verwendet?
- ⇨ Entspricht der Briefanfang den Vorgaben?
- ⇨ Entsprechen Einleitung, Hauptteil und Schluss den Vorgaben eines formellen Briefes?
- ⇨ Werden passende *useful phrases* verwendet?

1. unkorrigierter Ausgangstext der Schülerin

Summer Camp Sun and Fun   Julia Eisen
95 Sunset Street   Christengasse 17
OX 7105 Oxford   2570 Bad Schönau
England   Austria
     0612 / 3456789
5   j.eisen@iloveenglish.com

Application for the job as a summer camp guide

Dear Mrs. Wakefield,   May 17, 2019

To whom it may concern,

I am a fifteen-year-old Austrian girl and I will like to
10 apply for the position of a summer camp guide. I
think I would be great for the job because I have
experience in working with kids.

I would say that my only weakness is hiking because
I have problems with my knees but I am looking to
15 improve in that area. My strengths are first that
nothing can disturb my coolness, secondly very
logical thinking and finally that I love to work with
children.

20 My native language is German, but I can also speak
English very well. I am an experienced user of
interpersonal and communication skills so I will be
nice to everybody and I am perfectly able to help
people with their problems.

25 I have much experience with different indoor
activities and I also like to do sports outdoors. I have
a working knowledge of working with young children
because I have made different courses in this area.
Please find my résumé attached.

30 I am highly motivated and look forward to the varied
work which a position in your company has to offer.
If you want to meet me I am available for an interview
at any time.

Yours faithfully,

Julia Eisen
35 Julia Eisen

(227 words)

Meine Randnotizen

2. Lösungsvorschlag

Fehlerhafte Textstellen	Anmerkungen/Textkorrekturvorschläge
To whom it may concern,	*nur einen Briefanfang auswählen:* Dear Mrs. Wakefield,
	Bezug zur Stellenausschreibung in der Einleitung einbauen: I am writing in response to your advertisement posted on May 15, 2019 in the 'Daily Language'.
I am a fifteen-year-old Austrian girl and I will like to apply for the position of a summer camp guide.	*kein englischer Ausdruck:* I would like to …
I think I would be great for the job because I have experience in working with kids.	*formelle Sprache verwenden:* children
I would say that my only weakness is hiking because I have problems with my knees but I am trying to improve in that area.	*erläutere zuerst deine Stärken*
My strengths are first that nothing can disturb my coolness, secondly very logical thinking and finally that I love working with children.	*Aufzählungen nur in der gleichen Form, z. B. Eigenschaftswörter oder Hauptwörter:* my ability of very logical thinking
My native language is German, but I can also speak English very well. I am an experienced user of interpersonal and communication skills so I will be nice to everybody and I am perfectly able to help people with their problems.	*kein englischer Ausdruck:* I have been said to have outstanding interpersonal and communication skills … *Verallgemeinerungen vermeiden:* … so I am perfectly able to help people with their problems.
I have much experience with different indoor activities and I also like to do sports outdoors.	*begründe deine Erfahrungswerte, gib Beispiele:* I have much experience with indoor activities since I am attending a sports-track-school. *einleitende Phrasen verwenden:* Furthermore, I also like to do sports outdoors such as swimming, jogging and playing volleyball.
I have a working knowledge of working with young children because I have made different courses in this area. Please find my résumé attached.	*Wortwiederholung vermeiden:* I am experienced in working with … *kein englischer Ausdruck:* I have taken different courses in this area.
I am highly motivated and look forward to the varied work which a position in your company has to offer.	*inhaltlicher Fehler, Angabe beachten:* … which a campguide has.

Fehlerhafte Textstellen

If you want to meet me I am available for an interview at any time.

Yours faithfully,

Anmerkungen/Textkorrekturvorschläge

keine unsicheren Formulierungen verwenden, sondern geeignete Abschlussphrasen hinzufügen:
I would welcome the opportunity to discuss my application with you.
Thank you for your time and for considering my application.
Please contact me via e-mail or mobile.
I am looking forward to hearing from you.

Du kennst den Adressaten:
Yours sincerely,

Platz für Notizen

3. korrigierte Endfassung

Summer Camp Sun and Fun
95 Sunset Street
OX 7105 Oxford
England

Julia Eisen
Christengasse 17
2570 Bad Schönau
Austria
0612 / 3456789
j.eisen@iloveenglish.com

Application for the job as a summer camp guide

Dear Mrs. Wakefield,   May 17, 2019

I am writing in response to your advertisement posted on May 15, 2019 in the 'Daily Language'. I
am a fifteen-year-old Austrian girl and I would like to apply for the position of a summer camp
guide. I think I would be great for the job because I have experience in working with children.

My strengths are first that nothing can disturb my coolness, secondly my ability of very logical
thinking and finally that I love to work with children. I would say that my only weakness is hiking
because I have problems with my knees but I am trying to improve in that area.

My native language is German, but I can also speak English very well. I have been said to have
outstanding interpersonal and communication skills so I am perfectly able to help people with
their problems.

I have much experience with different indoor activities since I am attending a sports-track-school.
Furthermore, I also like to do sports outdoors such as swimming, jogging and playing volleyball. I
am experienced in working with young children because I have taken different courses in this
area. Please find my résumé attached.

I am highly motivated and look forward to the varied work which a position as a camp guide has
to offer. I am available for an interview at any time. I would welcome the opportunity to discuss
my application with you.

Thank you for your time and consideration. Please contact me via e-mail or mobile. I am looking
forward to hearing from you.

Yours sincerely,

Julia Eisen

Julia Eisen

(275 words)

ÜBUNGSBEISPIEL E-MAIL OF APPLICATION

You would like to earn some extra money and have read the following advertisement in the local newspaper:

'Café Buttercups' is looking for breakfast and lunchtime staff to work at our café on Saturdays and Sundays. Minimum age 16, no experience required.

Come in (9 a.m. – 4 p.m.) or call Nancy Buttercup at 55512877 (after 5 p.m.)

In your **e-mail** you should include the following points:

➜ explain who you are and outline why you are interested in the job
➜ give reasons why you are the right person for this position
➜ ask for further information (e. g. salary, working hours)

Write around **250 words**! Include suitable phrases and an appropriate beginning and ending!

Tipps:

▪ Überlege dir, bevor du zu schreiben beginnst, welche Qualifikationen bzw. welche Anforderungen dieser Job verlangt.

▪ Was könnte dich speziell für diesen Job qualifizieren?

▪ Welches Gehalt und welche Arbeitszeiten würdest du erwarten?

4.3 WAS IST EINE E-MAIL/ EIN LETTER TO THE EDITOR?

Die *e-mail*/Der ***letter to the editor*** ist eine E-Mail bzw. ein Leserbrief, in der/dem du als Leserin/ Leser schriftlich zu einem Thema, das gerade in den Medien (Zeitungen, Internet …) diskutiert wird, persönlich Stellung nimmst.

Wenn du eine *e-mail*/einen *letter to the editor* schreibst, dann wird von dir verlangt, dass du …

- ➡ gleich von Beginn an auf einen bestimmten Artikel Bezug nimmst.
- ➡ die Situation aus deiner persönlichen Perspektive betrachtest.
- ➡ die Schreiberin/den Schreiber, die Herausgeberin/den Herausgeber von deiner Meinung überzeugst.
- ➡ gut argumentierst, dabei aber immer höflich bleibst.
- ➡ nicht beleidigend oder diskriminierend bist.
- ➡ eindeutig darauf hinweist, welche Informationen du dem Artikel entnimmst.
- ➡ nicht wortwörtlich von der Angabe abschreibst.

Wie ist eine e-mail/ein letter to the editor aufgebaut?

BRIEFKOPF + ANREDE	**Briefkopf:** nur beim formellen Brief ➡ Anrede: unpersönlich *(z. B. Dear Sir or Madam)*
EINLEITUNG	**Die Einleitung …** ➡ nimmt Bezug auf die wichtigsten Informationen des Artikels, die du kommentieren willst. 💡 **Tipp** Jemand, der den Artikel nicht gelesen hat, muss sich auskennen.
HAUPTTEIL	**Der Hauptteil …** ➡ ist der längste und ausführlichste Teil. ➡ muss auf den Artikel Bezug nehmen. ➡ bringt eindeutig deine Meinung zum Ausdruck. ➡ enthält nur Argumente, die deine Meinung unterstützen (▶ siehe auch *essay* S. 22).
SCHLUSS	**Der Schluss …** ➡ fasst noch einmal das Wesentliche zusammen. ➡ kann mit einer Bitte, einem Lösungsvorschlag, einem Appell … enden.
VERABSCHIEDUNG	**Die Verabschiedung …** ➡ führt deinen Vor- und Nachnamen und deine Heimatstadt an.

W!CHTIG
Verwende im Hauptteil geeignete Phrasen, um deine Meinung auszudrücken und um deine Argumente einzuleiten! (▶ siehe auch *essay* S. 25.)

USEFUL PHRASES

- I am writing in regard to your article posted in … on …
- I am referring to the article on … by …
- I feel compelled to comment on your article in … on …
- With reference to the article of … in …
- I am writing in order to express my (dis)approval of/disappointment with your article …
- I am writing because I agree/object to the comment made in … by …
- I would like to express my (dis)agreement with …
- I would like to express my sympathy with/doubts about …
- Thank you for pointing out that …/Your article failed to point out that …
- With interest I read your article in … on …
- According to your article …
- Your article states that …
- I would like to point out that …
- I must agree/disagree with …
- I am writing to suggest that …
- Please allow me to voice my admiration of/criticism towards …
- I suggest your newspaper should show a more responsible attitude towards …
- I suggest your newspaper should print the true facts concerning …
- I hope you will take this matter seriously.
- I hope you have gained some insight into how your readers think about this topic.

Ü44 Finde mindestens zwei Unterschiede zwischen einem *letter*/einer *e-mail of application* und einem *letter*/einer *e-mail to the editor*.

→ ....

....

→ ....

....

→ ....

....

Platz für Notizen

....

....

....

....

....

....

....

....

B

EINE E-MAIL TO THE EDITOR ÜBERARBEITEN

Ü45 Eine Schülerin hat zu folgender Aufgabenstellung eine *e-mail to the editor* geschrieben, welche noch nicht ganz perfekt ist.

Bearbeite die Schülerinnenarbeit! Lies zuerst die **Aufgabenstellung** und die **Korrekturanleitung** genau durch!

Aufgabenstellung (writing task)

Piercings as Protest among Youth

According to recent studies, teenagers who have body piercings are more likely to rebel and have difficulties at school. The results show that most young people consider piercings a form of protest. Those who have piercings are more likely to act up and have worse grades at school in general. Forty per cent of the teens in a recent survey said that to them body piercing is a form of art which should be available for everybody.

You have read this excerpt of an article in 'Junior Magazine' on the theme of piercings among young people and decide to write an e-mail to the editor.

In your **e-mail** you should:

➔ express your view on the theme of piercings
➔ explain if you agree that body piercing is a form of rebellion for young people
➔ say if you believe piercings should be forbidden at school

Write about **250 words**! Include suitable phrases and an appropriate beginning and ending!

Korrekturanleitung: die e-mail to the editor inhalt-lich, strukturell und sprachlich überarbeiten

Folgende Fragen musst du dir bei der Korrektur dieses Schülerinnentextes stellen:

➔ Wird die Aufgabenstellung verstanden?
➔ Wird ausschließlich formelle Sprache verwendet?
➔ Entspricht der Beginn den Vorgaben?
➔ Entspricht die Gliederung den Vorgaben einer formellen E-Mail?
➔ Wird auf den Artikel Bezug genommen?
➔ Werden passende einleitende Phrasen verwendet?
➔ Werden entsprechende Grußformeln verwendet?
➔ Gibt es Fehler im Ausdruck?
➔ Werden Wortwiederholungen vermieden?
➔ Wird die geforderte Wortanzahl eingehalten (+/– 10 %)?

1. unkorrigierter Ausgangstext einer Schülerin:

Dear Sir,

I have read your article about piercings in 'Junior Magazine'.

Now I want to make a statement on this topic.

5 Firstly, I think that body piercing is a very important issue, because it gets more popular these days. There are so many people who wear this kind of jewelry. I doubt that young people have piercings as a form of rebellion. In my
10 opinion, they simply like piercings but do not wear them because of rebellion. To my mind, it is really important that young people can decide for themselves if they want to have piercings or not. That´s their right!

15 I do not think that nose studs or other kinds of special jewelry should be forbidden at schools. It is not dangerous and if somebody likes it, why not? Personally, I do not think that piercings look attractive. I never had body
20 piercing because I do not like it.

Yours faithfully,

Jules Siengfriend

(154 words)

Meine Randnotizen

Platz für Notizen

2. Lösungsvorschlag

Fehlerhafte Textstellen	Anmerkungen/Textkorrekturvorschläge
Dear Sir, I have read your article about body piercing in 'Junior Magazine'.	*Bezug zum Artikel fehlt:* … piercing in the last issue of your paper … *kurze Zusammenfassung des Inhalts geben, die Leserin/der Leser muss sich auskennen:* In your article you claimed that recent studies show that teenagers who wear piercings are more likely to have difficulties at school and worse grades. As a 17-year-old student I am very interested in this topic,
Now I want to make a statement on this topic.	*formelle Sprache verwenden:* thus I wish to express my opinion on it.
Firstly, I think that piercing is a very important issue, because it gets more popular these days.	*kein englischer Ausdruck:* is becoming
There are so many people who wear this kind of jewelry. I doubt that young people have piercings as a form of rebellion.	*Bezug zum Artikel fehlt:* According to your article most young people consider piercings a form of rebellion. However, I cannot agree with that.
In my opinion, they simply like piercings but do not wear them because of rebellion.	*Wortwiederholungen vermeiden:* in order to rebel against their parents
To my mind, it is really important that young people can decide for themselves if they want to have body piercing or not. That's their right!	*einleitende Phrasen verwenden:* I believe *keine Kurzformen verwenden:* That is
I do not think that nose studs or other kinds of special jewelry should be forbidden at schools. It is not dangerous and if somebody likes it, then why not?	*einleitende Phrasen verwenden:* As I see it … *inhaltlicher Fehler:* They are …, likes them …
Personally, I do not think that piercings look attractive. I never had body piercing because I do not like it.	*kein englischer Ausdruck:* I choose not to have … *angemessenen Schlussteil hinzufügen:* I hope you have gained some insight into how your readers think about this topic.
Yours faithfully, Jules Siengfriend	*Ortsangabe nach dem Namen fehlt:* Bad Sauerbrunn
(154 words)	*geforderte Wortanzahl einhalten (+/– 10 %)!*

3. korrigierte Endfassung

Dear Sir,

I have read your article about body piercing in the last issue of your paper 'Junior Magazine'. In your article you claimed that recent studies show that teenagers who wear piercings are more likely to have difficulties at school and bad grades. As a 17-year-old student I am very interested in
5 this topic, thus I wish to express my opinion on it.

Firstly, I think that piercing is a very important issue, because it is becoming more popular these days. There are so many people who wear this kind of jewelry. According to your article most young people consider piercings a form of rebellion. However, I cannot agree with that. In my opinion, they simply like piercings but do not wear them in order to rebel against their parents.

10 To my mind, it is really important that young people can decide for themselves if they want to have body piercing or not. I believe that is their right!

I do not think that nose studs or other kinds of special jewelry should be forbidden at schools. As I see it, they are not dangerous and if somebody likes them, then why not?

Personally, I do not think that piercings look attractive. I choose not to have body piercing because
15 I do not like it.

I hope you have gained some insight into how your readers think about this topic.

Yours faithfully,

Jules Siengfriend, Bad Sauerbrunn

(234 words)

Platz für Notizen

ÜBUNGSBEISPIEL E-MAIL TO THE EDITOR

You have recently read the following article in a popular magazine about the connection between tattoos and criminals spending time in prison.

Tattoos Linked to Jail Time

Incredible as it may seem, it has been confirmed that tattoos on someone's body indicate that this person has a certain connection to serving time in jail. According to recent statistics, over 80 % of all people with such body art have either served time in jail or are closely linked to someone who currently is or previously has been in prison.

How come so many teenagers nowadays choose to ruin their body forever with such destructive 'ink'? Do they not know about the health risks and regrets later on in life? What it comes down to is that the majority of teens today choose to behave in such an irresponsible way. It would be much better if tattoos were only allowed for people over the age of 21.

This causes you to write an e-mail to the editor of the magazine in which you state your opinion.

In your **e-mail** you should:

➜ comment on the points given in the article
➜ explain why you agree or disagree with the given opinion
➜ describe your own view on the matter

Write about **250 words**! Include suitable phrases and an appropriate beginning and ending!

Tipps:

▪ Wie stehst du zu dem Thema „*tattoos*"?

▪ Sind Tattoos in deinem Freundes- und Bekanntenkreis beliebt?

▪ Welche unterschiedlichen Reaktionen auf Tattoos konntest du bereits beobachten?

4.4 WAS IST EINE E-MAIL/ EIN LETTER OF COMPLAINT?

Eine *e-mail*/Ein *letter of complaint* ist eine Beschwerdemail/ein Beschwerdebrief, die/der sich auf einen bestimmten Sachverhalt bezieht (z. B. Verzögerung einer Bestellung, schadhafte Ware, Mängel im Urlaub …).

Wenn du eine *e-mail*/einen *letter of complaint* schreibst, musst du darauf achten, dass du …

- die Kriterien für eine formelle E-Mail/einen formellen Brief erfüllst (▶ S. 64).
- deine E-Mail/deinen Brief richtig gliederst.
- zu Beginn den Grund deines Schreibens erwähnst.
- die Aufgabenstellung genau liest und alle Arbeitsaufträge bearbeitest.
- formelle Sprache verwendest (keine Kurzformen).
- höflich bleibst.
- die geforderte Wortanzahl einhältst (+/– 10 %).

W!CHTIG | Verwende geeignete *useful phrases*! (▶ essay S. 25)

Wie ist eine e-mail/ein letter of complaint aufgebaut?

BRIEFKOPF + ANREDE	❯ Briefkopf: nur bei *letter of complaint* ❯ Anrede: ▶ *formal letter*
EINLEITUNG	**Die Einleitung …** ❯ nennt den Grund für dein Schreiben.
HAUPTTEIL	**Der Hauptteil …** ❯ ist der längste und ausführlichste Teil. ❯ beinhaltet deine Beschwerde. 💡 Tipp Achte genau darauf, was die jeweiligen Arbeitsaufträge von dir verlangen!
SCHLUSS	**Der Schluss …** ❯ muss deine E-Mail/deinen Brief höflich beenden. ❯ kann einen Lösungsvorschlag bringen.
VERABSCHIEDUNG	❯ siehe *formal letter*, S. 66

USEFUL PHRASES

Explain why you are writing

- ➡ I am writing (in order) to complain about …
- ➡ I am writing (in order) to inform you that …
- ➡ I am writing (in order) to ask you to …

Describe the problem(s)

- ➡ I ordered … but instead I received …
- ➡ The advertisement was misleading because …
- ➡ The advertisement claimed/stated that … but/however…
- ➡ They stated/promised that … whereas/but actually …

Say what you think the person should do

- ➡ Therefore, I would be grateful if you …
- ➡ My suggestion would be that you …
- ➡ As a result, I would kindly ask you to …

End your letter on a positive note

- ➡ I am looking forward to hearing from you soon.
- ➡ I am looking forward to your prompt reply.
- ➡ I look forward to receiving your explanation to this situation.

EINEN LETTER OF COMPLAINT ÜBERARBEITEN

 Eine Schülerin hat zu folgender Aufgabenstellung einen *letter of complaint* geschrieben, welcher noch nicht ganz perfekt ist.

Bearbeite die Schülerinnenarbeit! Lies zuerst die **Aufgabenstellung** und die **Korrektur-anleitung** genau durch!

Aufgabenstellung (writing task)

You recently ordered a computer game from the American company *Game of Games* but the delivered purchase only includes a Spanish version of the game. Write a formal letter in order to complain about this unfortunate mistake.

In your **letter of complaint** you should:

- ➡ describe the situation
- ➡ explain the problem
- ➡ give a possible solution to the problem

Write about **250 words**! Include suitable phrases and an appropriate beginning and ending!

Korrekturanleitung: den letter of complaint inhaltlich, strukturell und sprachlich überarbeiten

Folgende Fragen musst du dir bei der Korrektur dieses Schülerinnentextes stellen:

- Wird die Aufgabenstellung verstanden?
- Ist der Briefkopf richtig?
- Entsprechen Einleitung, Hauptteil und Schluss den Vorgaben eines formellen Briefs?
- Wird der Grund des Schreibens genannt?
- Werden passende einleitende Phrasen verwendet?
- Wird ausschließlich formelle Sprache verwendet?
- Werden Wortwiederholungen vermieden?
- Gibt es Fehler im Ausdruck?
- Werden entsprechende Grußformeln verwendet?
- Wird die geforderte Wortanzahl eingehalten (+/− 10 %)?

Platz für Notizen

1. unkorrigierter Ausgangstext der Schülerin:

Game of Games   Caroline Kunst
Queens Street 23   Jagdstraße 13
London, UK   Bad Fischau, Austria

Jan 21, 2019

5 Dear Sir or Madam,

Two days ago I bought a computer game of your company. I ordered it via Amazonas, but unfortunately it is the Spanish version of the 'Fire Heart' game. I can't understand anything,
10 so it is impossible for me to play this game.

I would kindly ask you to exchange the product, or refund my money. My bill of purchase is enclosed. In case there is no reply within a week I will feel compelled to contact my lawyer.
15 May I add that such a procedure would be uncomfortable and expensive for both of us? My suggestion would be that you take this matter seriously.

Contact me at c.kunst@gmail.com as soon as
20 possible. I am looking forward to your prompt reply and a solution to my problem.

Yours sincerely,

Caroline Kunst
Caroline Kunst

(136 words)

Meine Randnotizen

3. Lösungsvorschlag

Fehlerhafte Textstellen	Anmerkungen/Textkorrekturvorschläge
	Briefkopf ist in Ordnung
Dear Sir or Madam,	*Grund des Schreibens erwähnen:* I am writing in order to complain about a purchase I have recently made.
	genauere Hintergrundinformation anführen: My name is Caroline Kunst and I live in Austria.
Two days ago I bought a computer game of your company.	*kein englischer Ausdruck:* at your company
I ordered it via Amazonas, but unfortunately it is the Spanish version of the 'Fire Heart' game.	*Wortwiederholungen vermeiden:* the product, … you sent me
	geeignete Phrasen einbauen: The advertisement claimed that the game would be in English but it was clearly misleading.
I can't understand anything, so it is impossible for me to play this game.	*einleitende Phrasen verwenden:* Due to the fact that …
	keine Kurzformen verwenden: cannot
	geeignete Phrasen einbauen: As you can imagine this is an unbearable situation for me and therefore my suggestion would be that you entitle me to some form of compensation.
I would kindly ask you to exchange the product, or refund my money.	*einleitende Phrasen verwenden:* As a result, …
	genauere Hintergrundinformation anführen: I can provide you with bank contact information if necessary.
My bill of purchase is enclosed.	*höfliche Formulierungen verwenden:* Please find my bill of purchase enclosed.
In case there is no reply within a week I will feel compelled to contact my lawyer. May I add that such a procedure would be uncomfortable and expensive for both of us? My suggestion would be that you take this matter seriously.	*formelle Sprache verwenden:* both parties
Contact me at c.kunst@gmail.com as soon as possible. I am looking forward to your prompt reply and a solution to my problem.	*höfliche Formulierungen verwenden:* I would be grateful if you contacted me
Yours sincerely,	*diesen Abschluss nur verwenden, wenn du den Namen der Empfängerin/des Empfängers kennst, ansonsten:* Yours faithfully,
(136 words)	*geforderte Wortanzahl einhalten (+/–10 %)!*

2. korrigierte Endfassung

Dear Sir / Madam,   Jan 21, 2019

I am writing in order to complain about a purchase I have recently made. My name is Caroline Kunst and I live in Austria.

Two days ago I bought a computer game at your company. I ordered the product via Amazonas,
5 but unfortunately you sent me the Spanish version of the 'Fire Heart' game. The advertisement claimed that the game would be in English but it was clearly misleading.

Due to the fact that I cannot understand anything, it is impossible for me to play this game. As you can imagine this is an unbearable situation for me and therefore my suggestion would be that you entitle me to some form of compensation.

10 As a result, I would kindly ask you to exchange the product, or refund my money. I can provide you with bank contact information if necessary. Please find my bill of purchase enclosed.

In case there is no reply within a week I will feel compelled to contact my lawyer. May I add that such a procedure would be uncomfortable and expensive for both parties? My suggestion would be that you take this matter seriously.

15 I would be grateful if you contacted me at c.kunst@gmail.com as quickly as possible. I am looking forward to your prompt reply and a solution to my problem.

Yours faithfully,
Caroline Kunst
Caroline Kunst

(225 words)

Platz für Notizen

ÜBUNGSBEISPIEL LETTER OF COMPLAINT

You have recently purchased a pair of shoes from a popular brand-name store only to later realize that this product was not produced by that label. Therefore you decide to write a letter of complaint.

In your **letter** you should:

➡ describe the situation
➡ explain the problem you now have
➡ outline what you would like to happen in terms of compensation

Write about **250 words**! Include suitable phrases and an appropriate beginning and ending!

💡 Tipps:

🔲 Überlege, welches Markenprodukt du möglicherweise kaufen würdest!

🔲 Sind dir Markenprodukte wichtig? Begründe deine Meinung!

🔲 Was würdest du dir in diesem Fall als Entschädigung erwarten?

4.5 WAS IST EINE E-MAIL/ EIN LETTER OF ENQUIRY?

Eine **e-mail**/Ein **letter of enquiry** ist eine Anfrage. Du erkundigst dich zum Beispiel nach einem bestimmten Produkt (Verfügbarkeit), nach Unterkunftsmöglichkeiten im Urlaub etc.

Wenn du eine *e-mail*/einen *letter of enquiry* schreibst, musst du darauf achten, dass du …

- ➡ die Kriterien für eine formelle E-Mail/einen formellen Brief erfüllst (▶ S. 64).
- ➡ deine E-Mail/deinen Brief richtig gliederst.
- ➡ zu Beginn den Grund deines Schreibens erwähnst (wonach du dich erkundigst … oder ob du auf eine Anfrage antwortest).
- ➡ die Aufgabenstellung genau liest und alle Arbeitsaufträge bearbeitest.
- ➡ formelle Sprache verwendest (keine Kurzformen).
- ➡ höflich bleibst.
- ➡ die geforderte Wortanzahl einhältst (+/− 10%).

W!CHTIG | Verwende geeignete *useful phrases*! (▶ *essay* S. 25)

Wie ist eine e-mail/ein letter of enquiry aufgebaut?

BRIEFKOPF + ANREDE	➡ Briefkopf: nur bei *letter of enquiry* ➡ Anrede: ▶ *formal letter*
EINLEITUNG	**Die Einleitung …** ➡ muss sich auf eine vorhergehende Konversation beziehen.
HAUPTTEIL	**Der Hauptteil …** ➡ ist der längste und ausführlichste Teil. ➡ bringt deine Anfrage vor. 👉 Tipp Achte genau darauf, was die jeweiligen Arbeitsaufträge von dir verlangen!
SCHLUSS	**Der Schluss …** ➡ beendet deine E-Mail/deinen Brief höflich, indem du noch einmal um Informationen bittest und dich für die Hilfe bedankst.
VERABSCHIEDUNG	➡ siehe *formal letter*, S. 66

USEFUL PHRASES

- I am writing in regard to … (website, product presentation of, conversation with, recommendation of your firm by …)
- I am writing in order to enquire about …
- I would like to receive information about …
- I would like to inform myself about …
- Could you possibly tell me …?
- Could you please send me …?
- Another query I have is …
- I would like to request further information about …
- I would appreciate it if you could …
- It would be very helpful if you could …
- Would you be so kind as to tell me …?
- Please keep me informed regarding …
- Please send me information about …
- Kindly let me know …
- I am very grateful for your help.
- I am thankful for your time and attention.
- I look forward to receiving the requested information.

 Ü47 Finde mindestens zwei Unterschiede zwischen einer *e-mail* / einem *letter of complaint* und einer *e-mail* / einem *letter of enquiry*.

EINE E-MAIL OF ENQUIRY ÜBERARBEITEN

 Ein Schüler hat zu folgender Aufgabenstellung eine *e-mail of enquiry* geschrieben, welche noch nicht ganz perfekt ist. Bearbeite die Schülerarbeit! Als Erstes lies die **Aufgabenstellung** und die **Korrekturanleitung** genau durch!

Aufgabenstellung (writing task)

At a product presentation, you have recently found a new product (hiking boots which do not cause blisters) which you would like to include in your company's repertoire. Write a formal e-mail of enquiry.

stock.adobe.com/ValentinValkov

In your **e-mail** you should:

- ➡ assess if it is possible to order large amounts of the product and therefore save money
- ➡ politely ask if you may receive samples
- ➡ enquire about the terms of payment and delivery

Write about **250 words**! Do not forget to include suitable phrases!

Korrekturanleitung: die e-mail of enquiry inhaltlich, strukturell und sprachlich überarbeiten

Folgende Fragen musst du dir bei der Korrektur dieses Schülertextes stellen:

- ➡ Wird die Aufgabenstellung verstanden?
- ➡ Wird auf das gewünschte Produkt näher eingegangen?
- ➡ Wird ausschließlich formelle Sprache verwendet?
- ➡ Ist die E-Mail höflich formuliert?
- ➡ Werden entsprechende einleitende Phrasen verwendet?
- ➡ Entspricht die Gliederung den Vorgaben einer formellen E-Mail?
- ➡ Werden passende *linking phrases* verwendet?
- ➡ Werden entsprechende Grußformeln verwendet?
- ➡ Wird die geforderte Wortanzahl eingehalten (+/− 10 %)?

1. unkorrigierter Ausgangstext des Schülers

Dear Mr. Morrison,

I am writing in regard to the talk I had with Mr. Mathews at the product presentation. I was deeply impressed by your company's
5 newest developments. I would like to include some of your products in our range of products.

Therefore, I am writing to enquire about the possibility of ordering substantial quantities.
10 Could you be kind and tell me if such large orders are possible for your company? I would need information of possible price reductions in case bulk buying is an option.

Could you please send me samples of your
15 products?

Kindly let me know details about your company's terms of payment and delivery. I must add that, if they are good, our firm plans to place many orders.

20 I'm looking forward to receiving the information I requested.

Yours sincerely,

Juan Mayson

(137 words)

Meine Randnotizen

4. Lösungsvorschlag

Fehlerhafte Textstellen	Anmerkungen / Textkorrekturvorschläge
Dear Mr. Morrison, I am writing in regard to the talk I had with Mr. Mathews at the product presentation.	*formelle Sprache verwenden:* conversation *genauere Hintergrundinformation anführen:* … presentation in Graz last week.
I was deeply impressed by your company's newest developments, I would like to include some of your products in our range of products.	*einleitende Phrasen verwenden:* Due to the fact that …
Therefore, I am writing to enquire about the possibility of ordering substantial quantities.	*zunächst genauere Hintergrundinformation anführen:* The invention of hiking boots which do not cause blisters is not only ground-breaking but also necessary since this is a common problem. Austria is known for its mountains and many tourists underestimate the strenuous trails and with the wrong gear they soon suffer from painful blisters. Due to heavy demand for such articles in our country, I believe that our firm would need considerable quantities of your innovative products.
Could you be kind and tell me if such large orders are possible for your company?	*kein englischer Ausdruck:* Would you be so kind as to tell me …
I would need information of possible price reductions in case bulk buying is an option.	*höfliche Formulierungen einfügen:* I would also like to request information …
Could you please send me samples of your products?	*angemessene Phrasen verwenden:* I would be very grateful for your help.
Kindly let me know details about your company's terms of payment and delivery. If they are good, our firm plans to place many orders.	*formelle Sprache verwenden:* If they are competitive, our firm plans to place substantial orders.
I'm looking forward to receiving the information I requested.	*keine Kurzformen verwenden:* I am looking forward to receiving the information I requested.
Yours sincerely Juan Mayson	
(137 words)	*geforderte Wortanzahl einhalten (+/− 10%)!*

2. korrigierte Endfassung

Dear Mr. Morrison,

I am writing in regard to the conversation I had with Mr. Mathews at your product presentation in Graz last week. Due to the fact that I was deeply impressed by your company's newest developments, I would like to include some of your products in our range of products.

5 The invention of hiking boots which do not cause blisters is not only ground-breaking but also necessary since this is a common problem. Austria is known for its mountains and many tourists underestimate the strenuous trails and with the wrong gear they soon suffer from painful blisters.

Due to heavy demand for such articles in our country, I believe that our firm would need considerable quantities of your innovative products. Therefore, I am writing to enquire about the
10 possibility of ordering substantial quantities. Would you be so kind as to tell me if such large orders are possible for your company? I would also like to request information of possible price reductions in case bulk buying is an option.

Could you please send me samples of your products? I would be very grateful for your help.

Kindly let me know details about your company's terms of payment and delivery. If they are
15 competitive, our firm plans to place substantial orders.

I am looking forward to receiving the information I requested.

Yours sincerely,

Juan Mayson

(226 words)

Platz für Notizen

ÜBUNGSBEISPIEL E-MAIL OF ENQUIRY

You would like to spend your upcoming holidays at a resort in Florida that was recommended to you. Since you have never been there before you write an e-mail of enquiry.

In your **e-mail** you should ask:

➡ if there is a suitable and affordable room available for you at the time of your stay
➡ what daytrips can be recommended that are close-by
➡ what the weather should be like at that time of year since you are unsure of what to pack

Write about **250 words**! Include suitable phrases and an appropriate beginning and ending!

💡 Tipps:

🔲 Recherchiere im Internet und finde nützliche Informationen über den US Bundesstaat Florida, bevor du mit dem Schreiben beginnst.

🔲 Welche Art von Unterkunft würde dich interessieren?

🔲 Welche Aktivitäten interessieren dich generell im Urlaub? (*sightseeing, swimming, …*)

SELBSTKONTROLLE

Kreuze bei folgenden Aussagen an, wie du dich selbst einschätzt.   😊 😐 ☹️

	😊	😐	☹️
Ich weiß, was die Textsorte *formal e-mail / letter* bedeutet. (▶ S. 64)			
Ich weiß, wie ich eine *formal e-mail* / einen *letter* gliedern muss. (▶ S. 65)			
Ich weiß, was eine *e-mail* / ein *letter of application* ist. (▶ S. 67)			
Ich weiß, was eine *e-mail* / ein *letter to the editor* ist. (▶ S. 80)			
Ich weiß, was eine *e-mail* / ein *letter of complaint* ist. (▶ S. 87)			
Ich weiß, was eine *e-mail* / ein *letter of enquiry* ist. (▶ S. 94)			
Ich habe mir die Schritt-Für-Schritt-Anleitung für *e-mail / letter of application* gemerkt. (▶ S. 68–72)			
Ich weiß, dass ich die vorgegebene Angabe durchlesen und bearbeiten muss. (▶ S.68)			
Ich habe mir pro Textsorte mindestens 5 Formulierungshilfen gemerkt. (▶ S. 73, S. 81, S. 88, S. 95)			

Platz für Notizen

BLOG

WAS IST EIN BLOG?

Ein **blog** ist wie ein Online-Tagebuch, in welchem du deine Meinung zu einem bestimmten Thema äußerst. Er kann persönlich sein, indem du zum Beispiel deine Meinung ausdrückst, über Erlebnisse oder Erfahrungen berichtest oder einen Eintrag kommentierst.

Auch in deinem beruflichen Umfeld kann ein *blog* gepostet werden, beispielsweise, um Kundinnen bzw. Kunden, Geschäftspartner zu informieren oder den Bekanntheitsgrad einer Firma zu steigern.

Welche Themengebiete werden in einem *blog* behandelt?

- politische Themen (Tagespolitik, Wahlen etc.)
- private Erlebnisse
- Reiseberichte
- Musik
- Kunst
- Sport
- jugendspezifische Themen
- berufsspezifische Themen (Firmen, Konzerne etc.)

Grundsätzlich gibt es zwei Arten des *blogs*:

- **BLOG ENTRY** (unabhängiger Text im Internet)
- **BLOG COMMENT** (Antwort auf vorangehenden Eintrag)

Wenn du einen *blog* schreibst, wird von dir verlangt, dass du …

- die Aufgabenstellung genau durchliest.
- dir darüber klar wirst, was der Zweck deines Schreibens ist.
- dir bewusst machst, wer die Empfängerin / der Empfänger ist.
- einen der Aufgabenstellung angemessenen Schreibstil wählst (formell oder persönlich).
- gute Phrasen verwendest, um deine Meinung auszudrücken (▶ *essay* S. 25)
- das richtige Layout verwendest:
  BLOG ENTRY: Titel – Benutzername – Datum – Uhrzeit
  BLOG COMMENT: Benutzername – Datum – Uhrzeit
- den Text ansprechend optisch gliederst, indem du Absätze machst (pro Arbeitsauftrag ein Absatz).
- die geforderte Wortanzahl einhältst (+/− 10 %), ansonsten kommt es zu einem Punkteabzug (▶ *Assessment Scale,* S. 13).

W!CHTIG | Du sollst die Leserin/den Leser direkt ansprechen, indem du Fragen an sie/ihn richtest, die auch (je nach Aufgabenstellung) provokant sein können!

Ü49 Gib nun in eigenen Worten wieder, was ein *blog* ist:

Ü50 Nenne mindestens vier Punkte, worauf du beim Schreiben eines *blogs* achten musst:

→ _____

→ _____

→ _____

→ _____

Was ist der Ausgangspunkt meines blogs?

Bevor du mit dem Schreiben beginnst, musst du dir die Aufgabenstellung genau durchlesen und dir überlegen, was das Thema ist und welches Publikum du erreichen möchtest. Mach dir auf deinem Angabeblatt Notizen, welche du anschließend durchstreichst, und markiere wichtige Begriffe!

Es gibt verschiedene Arten der Aufgabenstellung:

→ Du willst deine Meinung zu einem bestimmten Thema kundtun.

→ Du willst über ein bestimmtes Thema informieren.

→ Du willst spezielle Erlebnisse oder Erfahrungen zu einem bestimmten Thema teilen.

→ Du willst einen Eintrag kommentieren.

→ Du willst Geschäftspartnerinnen/Geschäftspartner und Mitarbeiterinnen/Mitarbeiter informieren, den Bekanntheitsgrad deiner Firma/deines Betriebes steigern oder deren/dessen Image pflegen.

Wer soll meinen blog lesen?

Wenn du einen **persönlichen *blog*** schreibst, kannst du dich an deine Freundinnen und Freunde, Gleichgesinnte oder einfach interessierte fremde Menschen wenden.

Wenn du einen **beruflichen *blog*** schreibst, kannst du dich an Kundinnen und Kunden, Mitarbeiterinnen und Mitarbeiter oder Geschäftspartnerinnen und Geschäftspartner wenden.

Wie ist ein blog aufgebaut?

Ein ***blog entry*** besteht aus sechs Teilen, welche jeweils durch einen Absatz kenntlich gemacht sind.

INFORMATION	**Die Information muss …** → den Usernamen enthalten. → Datum und Uhrzeit nennen.
TITEL (TITLE)	**Der Titel muss …** → Interesse wecken. 💡 Tipp Verwende viele Nomen, das erleichtert die Suche in diversen Suchmaschinen im Internet.
EINLEITUNG (INTRODUCTION)	**Die Einleitung soll …** → die Leserin/den Leser zum Weiterlesen anregen.

HAUPTTEIL (MAIN PART)	**Der Hauptteil muss …** ➡ der längste Teil sein. ➡ in mindestens drei Absätze gegliedert sein. ➡ einen Arbeitsauftrag in jedem Absatz beinhalten. 🖱 Tipp Verwende in jedem Absatz zu Beginn einen Einleitungssatz (= *topic sentence*), der auf das Thema hinweist. Inkludiere Fragen und Antworten, gib Tipps und verwende die Befehlsform.
SCHLUSSTEIL (CONCLUSION)	**Der Schlussteil soll …** ➡ die Kernaussage noch einmal zusammenfassen.
BITTE (REQUEST)	**Die Bitte soll …** ➡ die Leserschaft dazu anregen, den Eintrag zu kommentieren.

Ein **blog comment** besteht aus drei Teilen, welche jeweils durch einen Absatz kenntlich gemacht sind.

INFORMATION	**Die Information muss …** ➡ den Usernamen enthalten. ➡ Datum und Uhrzeit nennen.
HAUPTTEIL (MAIN PART)	**Der Hauptteil muss …** ➡ der längste Teil sein. ➡ in drei bis vier Absätze gegliedert sein. ➡ im 1. Absatz den Kommentar auf den vorhergehenden Eintrag beinhalten. ➡ im 2. Absatz die erste Aufgabenstellung bearbeiten. ➡ im 3. Absatz die zweite Aufgabenstellung bearbeiten usw.
SCHLUSSTEIL (CONCLUSION)	**Der Schlussteil kann …** ➡ die eigene Meinung noch einmal zusammenfassen. ➡ ein abschließendes Fazit beinhalten.

SCHRITT FÜR SCHRITT ZU EINEM GELUNGENEN BLOG

Diese 8-Schritte-Anleitung ist dein Fahrplan zu einem gelungenen *blog*. Wenn du dich an diese Schritte hältst, wird dein *blog* gut gelingen.

1. SCHRITT: Angabe genau lesen

Es ist wichtig, dass du die Angabe genau durchliest und überlegst, was von dir verlangt wird.

 Lies die folgende Angabe genau durch und unterstreiche die wesentlichen Informationen!

Your best friend has become a vegetarian. Now you have become curious and decided to try it out yourself and publish a blog on the internet. The aim of this blog is to share your positive and negative experiences with this new diet.

In your **blog entry** you should:

➡ describe your motivation
➡ write about your own experiences
➡ outline positive and negative aspects of this new diet

Write about **400 words** and give your blog a **title**!

2. SCHRITT: Die Stoffsammlung

Ü52 Vor dem Schreiben eines gelungenen *blogs* steht die Stoffsammlung (▶ siehe dazu auch S. 18 und 19). Notiere, was du zu dem Thema bereits weißt:

 Tipp Recherchiere im Internet zusätzliche Informationen zum Thema *„vegetarianism"*!

3. SCHRITT: Die Information

Hier musst du auf jeden Fall deinen Namen nennen sowie Datum und Uhrzeit.

Zum Beispiel:

by Anna/June 11/3:15 p.m./500 comments

4. SCHRITT: Die Einleitung

Wenn du die Einleitung schreibst, achte darauf, Interesse bei der Leserin/beim Leser hervorzurufen.

Ü53 Im Anschluss findest du zwei Einleitungsbeispiele zu oben stehender Angabe, die du bewerten kannst.

Einleitung – Beispiel 1	Einleitung – Beispiel 2
Guess what? – I have become a vegetarian! Me – a once passionate eat-meater! How come, you might wonder? Well, …	To me it was always clear that meat is delicious. I wouldn't have dreamed of ever changing my mind or my diet. But now that I have not eaten any meat for almost a week …
➕ ➖ Bewertung: Das gefällt mir, weil …/ Das gefällt mir nicht, weil …	➕ ➖ Bewertung: Das gefällt mir, weil …/ Das gefällt mir nicht, weil …

Ü54 Schreibe nun eine eigene Einleitung mit deinen persönlichen Informationen zur selben Angabe!

---

5. SCHRITT: Der Hauptteil

Der Hauptteil ist der längste und wichtigste Teil deines *blogs* und sollte aus mindestens drei Absätzen bestehen.

➡ Jeder Absatz (= *paragraph*) sollte ein Argument beinhalten, das deine Meinung unterstützt. Wichtig ist, dass du dein Argument belegst und begründest. Lies dir an dieser Stelle im Kapitel *„essay"* die Seite 22 gut durch und hole dir dort Tipps und Anregungen!

W!CHTIG | Sprich die Leserin und den Leser direkt an, indem du Fragen stellst, Antworten und Tipps gibst und die Befehlsform verwendest!

Wie ist ein Absatz (paragraph) aufgebaut?

Beginne deinen Absatz stets mit einem *topic sentence*.

Zum Beispiel:

Guess what, I recently was talking to my best friend and he shared his decision to become a vegetarian.	*topic sentence*
He pointed out that our body is not meant to process so much meat and encouraged me to try giving up eating meat as well.	Begründung
To be honest, I never thought I could go to a fast food restaurant and enjoy a meal without any meat – but I did!	Beispiel

Ü55 Überlege dir nun selbst einen *paragraph* zum Thema *„vegetarianism"*:

	topic sentence
	Begründung
	Beispiel

6. SCHRITT: Der Schluss

Im Schlussteil fasst du noch einmal deine eigene Meinung zusammen. Wenn du einen *blog entry* schreibst, bittest du die Leserinnen und Leser, deinen Eintrag zu kommentieren.

Zum Beispiel:

> So what do you think? Can you also imagine becoming a vegetarian and enjoying your meals without meat? Please share your thoughts and views in the comments.

 Tipp   Hier kannst du die Leserschaft noch einmal direkt ansprechen und beispielsweise eine Frage stellen.

7. SCHRITT: Der Titel

Bei der Textsorte *blog entry* ist es besonders wichtig, einen möglichst kurzen und interessanten Titel zu wählen, der zum Weiterlesen anregt.

Zum Beispiel:

> *Life without Meat?!*

 Ü56   Finde nun eine passende Überschrift zum Thema „*vegetarianism*".

---

8. SCHRITT: Die Überarbeitung

Bevor du deinen *blog* abgibst, solltest du auf jeden Fall noch einmal folgende Punkte kontrollieren:

- ➡ Hast du die Aufgabenstellung gut durchgelesen und verstanden?
- ➡ Hast du einen Titel? *(blog entry)*
- ➡ Hast du die Informationen, eine Einleitung, einen Hauptteil und einen Schlussteil geschrieben?
- ➡ Hast du deinen Hauptteil richtig gegliedert?
- ➡ Hast du zwischen den einzelnen Teilen erkennbare Absätze gemacht und einen Abstand gelassen?
- ➡ Hast du alle Arbeitsaufträge inkludiert?
- ➡ Hast du die Leserschaft direkt angesprochen, Fragen gestellt, Tipps gegeben und die Befehlsform verwendet?
- ➡ Hast du das richtige Sprachregister gewählt? (formell oder persönlich – je nach Aufgabenstellung)
- ➡ Hast du Rechtschreibung, Grammatik und Ausdruck kontrolliert?
- ➡ Hast du die geforderte Wortanzahl eingehalten (+/−10 %)?

✔CHECKLISTE Blog Entry and Blog Comment

INFORMATION	by XYZ/May 20/7: 45 a.m.
TITLE (only blog entry)	makes reader curious
INTRODUCTION	makes reader want to read on
MAIN PART	includes answers to bullet points
CONCLUSION	summary
REQUEST (only blog entry)	reader is asked to comment

Ü57 Fasse nun die wesentlichen Merkmale der Textsorten *blog entry/comment* noch einmal zusammen!

Ü58 Werde dir klar, worauf du besonders achten musst, wenn du einen *blog* schreibst. Schreibe die drei Punkte heraus, die dir wichtig sind.

Ich achte besonders auf:

➡ --

➡ --

➡ --

USEFUL PHRASES

Phrases blog entry:

➡ Hey guys, sorry that I haven't posted anything for such a long time.
➡ So, today I want to discuss …
➡ Have you ever tried/been to/considered/thought about …?
➡ Guess what, I recently … (have tried/have been to …)
➡ Why not try/consider …?
➡ Why do people …?
➡ I would also like to mention that …
➡ All in all I would recommend …
➡ So, what do you think? Share in the comments.
➡ Please write your opinion on …
➡ Please let me know …
➡ Share your thoughts in the comments below.

Phrases blog comment:

➡ I have stumbled across your blog recently and I can only (dis)agree with this statement because I personally …
➡ I must say that I really enjoy reading your blog.
➡ I'm so happy to have read your blog and I can only recommend it.
➡ After reading your blog I …
➡ Thank you for pointing out that …
➡ I just wanted to say that I completely (do not) share your opinion.
➡ I totally (dis)agree with your view because as I see it …
➡ I think that you are absolutely right/wrong in saying that …

Ü59 Lies diese Formulierungshilfen genau durch und markiere jene, die dir besonders gut gefallen und die du in deinem nächsten *blog* verwenden möchtest.

EINEN BLOG ENTRY ÜBERARBEITEN

 Ü60 Eine Schülerin hat zu folgender Aufgabenstellung einen *blog entry* geschrieben, welcher noch nicht ganz gelungen ist. Bearbeite die Schülerinnenarbeit! Zuerst lies die **Aufgabenstellung** und die **Korrekturanleitung** genau durch!

Aufgabenstellung (writing task)

Write a blog on the theme **'People travel for many different reasons'** and include the following bullet points:

In your **blog entry** you should:

- ➡ outline the benefits of travelling
- ➡ identify different reasons why people travel
- ➡ describe your personal motivation and preferences concerning travelling

Your text should be about **400 words** and include appropriate phrases.

Korrekturanleitung: den blog entry inhaltlich, strukturell und sprachlich überarbeiten

Folgende Fragen musst du dir bei der Korrektur dieses Schülerinnentextes stellen:

- ➡ Gibt es einen gelungenen Titel?
- ➡ Gibt es eine gute Einleitung?
- ➡ Gibt es einen guten Abschluss?
- ➡ Ist der Text richtig gegliedert?
- ➡ Werden alle Arbeitsaufträge bearbeitet?
- ➡ Werden zwischen den einzelnen Teilen erkennbare Absätze gemacht und wird ein Abstand gelassen?
- ➡ Werden die Leserinnen und Leser direkt angesprochen?
- ➡ Wird das richtige Vokabular verwendet?
- ➡ Umfasst die Wortanzahl zwischen 360 und 440 Wörter?

Platz für Notizen

----

1. unkorrigierter Ausgangstext der Schülerin

People Travel for Many Different Reasons
by Judy Maymax

Who doesn't want to travel?
Who doesn't want to go sightseeing in cities or
5 swimming in the ocean?
Who doesn't want to leave home and go on holiday
to relax?
Honestly, that's what I love about travelling. I enjoy
the fact that it's a rescue from the duties and
10 responsibilities at home, and of course at school or
work. As I see it, travelling to another country (or
just away from home) implies freedom and
relaxation because when you're away from home,
you don't have to do any housework or generally
15 anything you don't want to.
Nobody wants to work all the time no matter if it's
at a job or doing the cooking and cleaning and
laundry at home. I believe that everyone needs a
break and a trip.
20 Recently I have read a wonderful saying: 'Travel is
the only thing you can buy that makes you richer.'
Well, that sure makes the point, the quote is
anonymous but I feel that whoever said it (or wrote
it first) really understands what travelling is all
25 about.

Why do people travel? – All in all, I think there are
three main reasons why they travel:
1) Every person is a bit of an adventurer and wants
to discover new places and get to know new things.
30 2) People travel in order to escape their daily
problems and the stress they are confronted with
at home and work.
3) ...
If you want to know the third reason then follow
35 my blog.

What do you think?

(263 words)

Meine Randnotizen

2. Lösungsvorschlag

Fehlerhafte Textstellen	Anmerkungen/Textkorrekturvorschläge
People Travel for Many Different Reasons by Judy Maymax	*Datum und Uhrzeit einfügen:* Feb 7, 2019/8:19 p.m.
	interessante Einleitung hinzufügen: Hey guys, last week I discussed the theme 'Fame is relative' and the feedback was so incredible, we had over 20 000 readers! I just wanted to say thanks and I hope you enjoy this brand-new blog of mine on the theme of travelling.
Who doesn't want to travel? Who doesn't want to go sightseeing in cities or swimming in the ocean? Who doesn't want to leave home and go on holiday to relax?	*gutes Stilmittel: Satzanfang wird wiederholt, Anliegen der Schreiberin wird hervorgehoben*
I enjoy the fact that it's a rescue from the duties and responsibilities at home, and of course at school or work.	*kein englischer Ausdruck:* an escape
As I see it, travelling to another country (or just away from home) implies freedom and relaxation because when you're away from home, you don't have to do any housework or generally anything you don't want to.	*nicht zu lange Sätze bilden:* … implies freedom and relaxation. When you're away from home …
Nobody wants to work all the time no matter if it's at a job or doing the cooking and cleaning and laundry at home. I believe that everyone needs a break and a trip.	*kein englischer Ausdruck:* every once in a while, everyone needs to take a break and the chance to treat themselves with a trip.
	Angabe beachten, persönlich Stellung nehmen: To me it's really cool to visit a foreign country and learn about its culture and explore the sights there.
Recently I have read a wonderful saying: 'Travel is the only thing you can buy that makes you richer.' Well, that sure makes the point, the quote is anonymous but I feel that whoever said it (or wrote it first) really understands what travelling is all about.	*nicht zu lange Sätze bilden:* Well, that sure makes the point, doesn't it? The quote is anonymous but …
Why do people travel? – All in all, I think there are three main reasons why they travel: • Every person is a bit of an adventurer and wants to discover new places and get to know new things. • People travel in order to escape their daily problems and the stress they are confronted with at home and work. • … If you want to know the third reason then follow my blog.	*mehr Informationen anführen:* follow my blog at Judy 1 & only – blogs are good 4 you 2.
What do you think?	*angemessenen Abschluss einbauen:* Why do you travel? Please share in the comments below.
(263 words)	*geforderte Wortanzahl einhalten!*

3. korrigierte Endfassung

People Travel for Many Different Reasons
by Judy Maymax / Feb 7, 2019 / 8:19 p.m.

Hey guys, last week I discussed the theme 'Fame is relative' and the feedback was so incredible, we had over 20 000 readers! I just wanted to say thanks and I hope you enjoy this brand-new blog of mine on the theme of travelling.

Who doesn't want to travel?
5 Who doesn't want to go sightseeing in cities or swimming in the ocean?
Who doesn't want to leave home and go on holiday to relax?

Honestly, that's what I love about travelling. I enjoy the fact that it's an escape from the duties and responsibilities at home, and of course at school or work. As I see it, travelling to another country implies freedom and relaxation. When you're away from home, you don't have to do any housework
10 or generally anything you don't want to.

Nobody wants to work all the time no matter if it's at a job or doing the cooking and cleaning and laundry at home. I believe that every once in a while, everyone needs to take a break and the chance to treat themselves with a trip. To me it's really cool to visit a foreign country and learn about its culture and explore the sights there.

15 Recently I have read a wonderful saying: 'Travel is the only thing you can buy that makes you richer.' Well, that sure makes the point, doesn't it? The quote is anonymous but I feel that whoever said it (or wrote it first) really understands what travelling is all about.

Why do people travel? – All in all, I think there are three main reasons why they travel:
1) Every person is a bit of an adventurer and wants to discover new places and get to know new
20 things.
2) People travel in order to escape their daily problems and the stress they are confronted with at home and work.
3) ...

If you want to know the third reason then follow my blog at Judy 1 & only – blogs are good 4 you 2.

25 What do you think? Why do you travel? Please share in the comments below.

(363 words)

EINEN BLOG COMMENT ÜBERARBEITEN

 Ein Schüler hat zu folgender Aufgabenstellung einen *blog comment* geschrieben, welcher noch nicht ganz gelungen ist. Bearbeite die Schülerarbeit! Als Erstes lies die **Aufgabenstellung** und die **Korrekturanleitung** genau durch!

Aufgabenstellung (writing task)

You have recently read a weblog on the theme of smartphones with the title: **'Smartphones – Blessing to Mankind'**.

In your **blog comment** you should:

→ comment on the title of the weblog
→ outline your opinion on the matter
→ suggest what you believe this blogger should do

Write about **250 words** and give your blog a **title**! Include suitable phrases and encourage your readers to comment!

Korrekturanleitung: den blog comment inhaltlich, strukturell und sprachlich überarbeiten

Folgende Fragen musst du dir bei der Korrektur dieses Schülertextes stellen:

→ Gibt es eine gute Einleitung?
→ Werden nur Punkte angesprochen, die zum Thema passen?
→ Werden alle Arbeitsaufträge bearbeitet?
→ Werden zwischen den einzelnen Teilen erkennbare Absätze gemacht und wird ein Abstand gelassen?
→ Ist der Schlussteil passend?
→ Werden die Leserinnen und Leser direkt angesprochen?
→ Wird das richtige Vokabular verwendet?
→ Werden passende einleitende Phrasen verwendet?
→ Umfasst die Wortanzahl zwischen 225 und 275 Wörter?

1. unkorrigierter Ausgangstext des Schülers

Dear Blogposter 27,
by Ralph 123 / May 17 / 11:10 a.m.

I read your blog last week and I must say... I was shocked! You see, I usually really enjoy reading your blogs but the last one was very poor, to my mind.

5 'Through the invention of smartphones we can now all be available at any given time, and that's wonderful!?' I totally disagree with this statement because I believe that this particular aspect is in fact – terrible because we can't be off the grid anymore

10 so our lives have become much more stressful. Just think, if a friend calls or texts you and it takes you a while to get back to him or her that person will wonder what took you so long. Why do you believe that having to always be reachable is more important

15 than being connected to half of the world? Another critical point to me is that social media is not always 'a blessing'. It has proven to also be a curse to mankind. Who can imagine having a handy nowadays that is not a smartphone but simply

20 allows me to make and take calls? Do you even know anybody like that? I doubt it because it's not enough anymore to be available all the time, we also are expected to be on specific social media platforms. I am not a fan of all these modern ways of

25 posting every detail of one's personal life because to be honest who cares about what I had for breakfast? Do you really need a picture of my new couch? If you're interested in it, come by and check it out in person.

(276 words)

Meine Randnotizen

Platz für Notizen

2. Lösungsvorschlag

Fehlerhafte Textstellen	Anmerkungen/Textkorrekturvorschläge
Dear Blogposter 27, **by Ralph 123 / May 17 / 11:10 a.m.**	*Erläutere, worauf du dich beziehst:* the last one with the title: 'Smartphones – top or flop'
I read your blog last week and I must say… I was shocked! You see, I usually really enjoy reading your blogs but the last one was very poor, to my mind.	
'Through the invention of smartphones we can now all be available at any given time, and that's wonderful!?'	*einleitende Phrasen verwenden:* How can you say that: …
I totally disagree with this statement because I believe that this particular aspect is in fact – terrible because we can't be off the grid anymore so our lives have become much more stressful.	*nicht zu lange Sätze bilden:* … that this particular aspect is in fact – terrible! Since we can't be off the grid anymore our lives have become much more stressful.
Just think if a friend calls or texts you and it takes you a while to get back to him or her that person will wonder what took you so long. Why do you believe that having to always be reachable is more important than being connected to half of the world?	*kein englischer Ausdruck:* Why do you believe that having to always be accountable for what you are doing is …
Another critical point to me is that social media is not always 'a blessing'. It has proven to also be a curse to mankind.	*höfliche Formulierungen verwenden:* …social media is not always 'a blessing' as you put it. I believe it has proven …
Who can imagine having a handy nowadays that is not a smartphone but simply allows me to make and take calls? Do you even know anybody like that?	*kein englischer Ausdruck:* mobile phone
I doubt it because it's not enough anymore to be available all the time, we also are expected to be on specific social media platforms I am not a fan of all these modern ways of posting every detail of one's personal life because to be honest who cares about what I had for breakfast? Do you really need a picture of my new couch? If you're interested in it, come by and check it out in person.	*überflüssige Erläuterungen weglassen*
	angemessenen Abschluss hinzufügen: I suggest you consider your arguments on the matter. Next time please try to find a more mature and balanced view.

B

3. korrigierte Endfassung

Dear Blogposter 27,
by Ralph 123 / May 17 / 11:10 a.m.

I read your blog last week and I must say... I was shocked! You see, I usually really enjoy reading your blogs but the last one with the title: 'Smartphones – top or flop' was very poor, to my mind.

How can you say that: 'Through the invention of smartphones we can now all be available at any given time, and that's wonderful!?' I totally disagree with this statement because I believe that this
5 particular aspect is in fact – terrible! Since we can't be off the grid anymore our lives have become much more stressful. Just think, if a friend calls or texts you and it takes you a while to get back to him or her that person will wonder what took you so long. Why do you believe that having to always be accountable for what you are doing is more important than being connected to half of the world?

10 Another critical point to me is that social media is not always 'a blessing' as you put it. I believe it has proven to also be a curse to mankind. Who can imagine having a mobile phone nowadays that is not a smartphone but simply allows me to make and take calls? Do you even know anybody like that? I doubt it because it's not enough anymore to be available all the time, we also are expected to be on specific social media platforms.

15 I suggest you consider your arguments on the matter. Next time please try to find a more mature and balanced view.

(268 words)

Platz für Notizen

ÜBUNGSBEISPIELE BLOG

Beispiel 1

At school you have discussed the topic of celebrities and the negative aspects of being famous. Afterwards you decide to post a weblog on the theme: **'Fame is relative'**.

In your **blog entry** you should:

- state reasons why people would like to be famous
- outline negative aspects of stardom
- describe problems that celebrities have

Write about **400 words** and give your blog a **title**! Include suitable phrases and encourage your readers to comment!

Tipps:

- Überlege, welche berühmten Persönlichkeiten dir spontan einfallen?

- Welche Nachteile kann Berühmtsein haben?

- Hast du schon von Problemen berühmter Persönlichkeiten gehört?

Beispiel 2

Binge drinking

You have recently experienced something drastic concerning binge drinking which has made you decide to write a blog post on the theme.

In your **blog** you should:

- describe a situation of binge drinking
- outline the disadvantages and negative effects
- explain your view on the matter

Write about **250 words** and give your blog a **title**! Include suitable phrases and encourage your readers to comment!

Tipps:

- Überlege, welche Situationen dir zum Thema spontan einfallen.

- Überlege, wie du und dein Freundeskreis mit übertriebenem Alkoholkonsum umgehen.

- Hast du schon in diesem Zusammenhang von Problemen berühmter Persönlichkeiten gehört?

Beispiel 3

> Write a blog comment on the impulse of FB and the negative aspects of modern social media!
>
> In your **blog comment** you should:
>
> → comment on the picture
> → outline the importance of social media in general
> → describe your personal take on modern social media, especially smartphones
>
> Write about **400 words** and include suitable phrases!

Tipps:

■ Schau dir das Bild an und notiere, was dir spontan beim Betrachten einfällt.

■ Überlege dir, wie du und dein Freundeskreis mit Smartphones umgehen.

■ Der Bildimpuls scheint übertrieben zu sein, warum entspricht er dennoch der Wahrheit?

Beispiel 4

Write a blog comment on the impulse of FB and the negative aspects of modern social media.

In your **blog comment** you should:

→ comment on the picture
→ discuss whether modern social media changes our personal relationships
→ outline reasons for the popularity of social media

Write about **250 words** and include suitable phrases!

Tipps:

▪ Schau dir das Bild an und notiere, was dir spontan beim Betrachten einfällt.

▪ Überlege dir, wie du und dein Freundeskreis mit Smartphones umgehen.

▪ Der Bildimpuls scheint übertrieben zu sein, warum entspricht er dennoch der Wahrheit?

SELBSTKONTROLLE

Kreuze bei folgenden Aussagen an, wie du dich selbst einschätzt. 😃 😐 🙁

Ich weiß, was ein *blog entry* ist. (▶ S. 102)			
Ich weiß, was ein *blog comment* ist. (▶ S. 102)			
Ich weiß, wie ein *blog entry/comment* gegliedert sein muss. (▶ S. 103,104)			
Ich habe mir die Schritt-Für-Schritt-Anleitung gemerkt. (▶ S. 104–107)			
Ich weiß, dass ich die vorgegebene Angabe gut durchlesen und bearbeiten muss. (▶ S. 104)			
Ich habe mir mindestens 5 Formulierungshilfen gemerkt. (▶ S. 108)			

Platz für Notizen

LEAFLET (NUR BHS)

WAS IST EIN LEAFLET?

Ein *leaflet* (= Broschüre) ist Werbe- oder Informationsmaterial, das vor allem im Marketingbereich verwendet wird. Die Broschüre kann entweder für etwas Werbung machen, über etwas informieren oder vor etwas warnen. Das kann ein bestimmtes Produkt sein, ein Land, ein Geschäft, eine Kampagne etc. Broschüren können sowohl in Papierform verteilt als auch per E-Mail versandt werden. Sie enthalten in der Regel immer anschauliche Bilder oder Illustrationen, um die Leserinnen und Leser anzusprechen und aufmerksam zu machen.

Im Rahmen der schriftlichen Reifeprüfung musst du nur den Text einer Broschüre verfassen.

Wenn du ein *leaflet* schreibst, wird von dir verlangt, dass du …

- die Aufgabenstellung genau durchliest.
- einen aussagekräftigen Titel wählst.
- über den Inhalt deiner Broschüre ausreichend informierst.
- die Leserschaft überzeugst.
- die Leserinnen und Leser direkt ansprichst.
- einen passenden Sprachstil wählst: überzeugend, überraschend, humorvoll.
- alle Arbeitsaufträge bearbeitest.
- deinen Text in optisch erkennbare Absätze gliederst und einen Abstand lässt.
- das richtige Layout verwendest:
  Titel
  Absätze (eventuell mit Überschrift)
  eventuell Nummerierungen mit Schlagwörtern
- die geforderte Wortanzahl einhältst (+/− 10 %), ansonsten kommt es zu einem Punkteabzug (▶ *Assessment Scale,* S. 13).

 **Tipps**
1. Formuliere Befehle statt Feststellungen!
2. Verwende viele unterschiedliche Adjektive!
3. Verwende den Superlativ! (Meiststufe)

W!CHTIG

Du musst das Zielpublikum mit deiner Broschüre überzeugen! Hilfreich ist es, wenn du dabei die „AIDA-Formel" (Begriff aus dem Werbe-/Marketingbereich) berücksichtigst:

A (*attention*): Du musst die Aufmerksamkeit der Leserschaft gewinnen. – Ich bemerke etwas!

I (*interest*): Du sollst Interesse wecken. – Ich interessiere mich dafür!

D (*desire*): Du sollst eine Wunschvorstellung bei den Leserinnen und Lesern wecken. – Ich will es!

A (*action*): Du sollst die Leserschaft zum Handeln auffordern. – Ich tue es! Ich kaufe es!

Ü62 Fasse kurz zusammen, was ein *leaflet* ist:

Ü63 Nenne mindestens drei Punkte, worauf du beim Schreiben eines *leaflets* achten musst:

→

→

→

→

Was ist der Ausgangspunkt meines leaflets?

Bevor du mit dem Schreiben beginnst, musst du dir die Aufgabenstellung genau durchlesen und überlegen, was das Thema ist und welches Publikum du erreichen möchtest.

Es gibt verschiedene Arten der Aufgabenstellung:

→ Du willst für bestimmte Waren oder Dienstleistungen werben (z. B. Produkt, Land, Sportart, Tätigkeit, Beruf etc.).
→ Du willst eine Kampagne starten oder unterstützen.
→ Du willst Mitglieder anwerben.
→ Du willst über ein bestimmtes Thema informieren.
→ Du willst eine Veranstaltung bewerben.
→ Du willst über ein geplantes Projekt informieren.
→ Du willst über Risiken aufklären.

Wer soll mein leaflet lesen?

Wenn du ein *leaflet* gestaltest, wendest du dich meist an ein breites Publikum, welches interessierte Menschen unterschiedlichen Geschlechts oder Alters und unterschiedlicher Herkunft sind.

Die Textsorten .B

Wie ist ein leaflet aufgebaut?

Ein *leaflet* besteht meistens aus zwei bis vier Teilen, welche jeweils durch einen Absatz kenntlich gemacht sind:

TITEL (TITLE)	**Der Titel muss …** ➡ Interesse wecken und überzeugend sein. ➡ die Leserschaft darüber informieren, worum es in der Broschüre geht. ➡ die Leserinnen und Leser dazu animieren weiterzulesen. 💡 **Tipp** Versuche den Titel möglichst kurz zu halten!
EINLEITUNG (optional) (INTRODUCTION)	**Die Einleitung soll …** ➡ die Leserinnen und Leser neugierig machen, aber noch nicht zu viel verraten. 💡 **Tipp** Beginne z. B. mit einer provokanten Frage, die du an die Leserschaft richtest!
HAUPTTEIL (MAIN PART)	**Der Hauptteil …** ➡ muss alle Arbeitsaufträge inkludieren. ➡ muss in mehrere kurze Absätze gegliedert sein. ➡ kann aussagekräftige Überschriften vor den jeweiligen Absätzen enthalten. ➡ kann Nummerierungen und Schlagwörter beinhalten. 💡 **Tipp** Gestalte die Absatzüberschriften möglichst kurz und prägnant!
SCHLUSSTEIL (optional) (CONCLUSION)	**Der Schlussteil kann …** ➡ die Leserinnen und Leser zum Handeln auffordern. ➡ die Kernbotschaft noch einmal betonen.

Platz für Notizen

SCHRITT FÜR SCHRITT ZU EINEM GELUNGENEN LEAFLET

Diese 7-Schritte-Anleitung ist dein Fahrplan zu einem gelungenen *leaflet*. Wenn du dich an diese Schritte hältst, wirst du deine Broschüre ohne Probleme schreiben können.

1. SCHRITT: Angabe genau lesen

Es ist wichtig, dass du die Angabe genau durchliest und überlegst, was von dir verlangt wird.

 Unterstreiche die wesentlichen Informationen!

> Recently Vienna Newtown has started building a public swimming pool. The inhabitants are asked to invest in this project due to the fact that financial resources are running low.
> You have been asked to design a leaflet in which you promote this new public pool called 'Aqua Newtown'.
>
> In your **leaflet** you should:
>
> ➡ explain how inhabitants can personally benefit from such a project
> ➡ outline what can be done at such a public pool
> ➡ persuade the readers that visiting 'Aqua Newtown' is good for them
>
> Write about **250 words**! Divide your leaflet into sections and give them headings!

2. SCHRITT: Die Stoffsammlung

Bevor du zu schreiben beginnst, stell dir vor, du wärst die Leserin oder der Leser, für die/den dieses *leaflet* gestaltet wurde. Überlege, welche Informationen dich am ehesten überzeugen würden und in welcher Reihenfolge sie für dich am wirkungsvollsten wären.

Ü65 **Mach dir dazu Notizen!**

----

3. SCHRITT: Die Einleitung

Wenn du dich dafür entscheidest, eine Einleitung zu schreiben, musst du darauf achten, der Leserin oder dem Leser nicht zu viel zu verraten. Eine gute Möglichkeit ist, mit einer Frage zu beginnen, damit sich die Leserin oder der Leser direkt angesprochen fühlt.

Zum Beispiel:

> It's burning hot outside … Don´t you feel like relaxing in your own pool? You don´t have one? We have the solution! 'Aqua Newtown' – the new public swimming pool where all your dreams come true!

Ü66 **Schreibe nun eine eigene Einleitung zur Angabe in Übung 64!**

Die Textsorten .B

4. SCHRITT: Der Hauptteil

Der Hauptteil muss deine Leserinnen und Leser überzeugen. Hier ist es besonders wichtig, dass du kurze, leicht verständliche Absätze (= *paragraphs*) machst und die Arbeitsaufträge inkludierst. Noch effektiver wird deine Broschüre, wenn du kurze und aussagekräftige Überschriften (= *subheadings*) vor deine Absätze setzt. Um deinen Text übersichtlicher zu gestalten, kannst du Schlagwörter, Nummerierungen und *bullet points* verwenden.

Tipp   Baue die AIDA-Formel ein!

Zum Beispiel:

Why a public swimming pool?	subheading
In Vienna Newtown you can find almost everything. It is well-known for its beautiful buildings, parks and landscape. So far one important feature has been missing – a public swimming pool! But this is going to change soon. With your help the whole community can benefit from this wonderful project. While lying in the sun or swimming in crystal-clear water you can meet friends, watch your children play and … even bring your dog! Just imagine!	paragraph

Ü67   **Schreibe nun einen eigenen Absatz zur zweiten Aufgabenstellung!**

	subheading
	paragraph

Tipp   Du kannst ruhig ein wenig übertreiben! Verwende ausschließlich positive Adjektive!

5. SCHRITT: Der Schluss

Wenn du einen Schlussteil schreibst, fordere die Leserinnen und Leser in ein bis zwei Sätzen dazu auf zu handeln. Du kannst auch die Kernbotschaft noch einmal besonders hervorheben.

Zum Beispiel:

> If you really love your hometown, help us make this project come true. Aqua Newtown needs your support!

 Tipp Du kannst die Leserinnen und Leser direkt ansprechen, indem du etwas fragst, um etwas bittest oder sogar etwas befiehlst.

6. SCHRITT: Der Titel

Der Titel ist bei einer Broschüre besonders wichtig, da er darüber entscheidet, ob die Leserinnen und Leser weiterlesen oder nicht. Er muss sowohl ins Auge stechen als auch das Thema der Broschüre ansprechen.

Zum Beispiel:

> Aqua Newtown – An Oasis for Everyone

> Enjoy Aqua Newtown

> Swim for Free

 Ü68 Finde nun eine eigene, passende Überschrift zu den Themen *„school band"*, *„partner school"* und *„public swimming pool"*.

7. SCHRITT: Die Überarbeitung

Bevor du dein *leaflet* abgibst, solltest du noch einmal folgende Punkte kontrollieren:

- ➡ Hast du die Aufgabenstellung gut durchgelesen und verstanden?
- ➡ Hast du einen plakativen Titel?
- ➡ Hast du alle Arbeitsaufträge inkludiert?
- ➡ Hast du deinen Hauptteil in kurze und überschaubare Absätze gegliedert?
- ➡ Hast du zwischen den einzelnen Teilen erkennbare Absätze gemacht und einen Abstand gelassen?
- ➡ Hast du passende Absatzüberschriften eingebaut?
- ➡ Hast du versucht, das Interesse der Leserschaft zu wecken?
- ➡ Hast du die AIDA-Formel berücksichtigt?
- ➡ Hast du versucht, die Leserinnen und Leser zu überzeugen, indem du sie direkt angesprochen, ihnen Fragen gestellt und die Befehlsform verwendet hast?
- ➡ Könnte dich das *leaflet* überzeugen?
- ➡ Hast du Rechtschreibung, Grammatik und Ausdruck kontrolliert?
- ➡ Hast du die geforderte Wortanzahl eingehalten (+/– 10 %)?

✔CHECKLISTE Leaflet

TITLE	direct, eye-catching, makes reader want to read on, gives idea of what the theme is
INTRODUCTION (OPTIONAL)	makes reader want to read on
MAIN PART	answers all the bullet points, divided into short and simple sections with interesting subheadings
CONCLUSION (OPTIONAL)	emphasises the main point, calls to action

Ü69 Fasse nun die wesentlichen Merkmale der Textsorte *leaflet* noch einmal zusammen!

Ü70 Schreibe nun vier Punkte auf, die dir besonders wichtig erscheinen!

→ --

→ --

→ --

→ --

USEFUL PHRASES

- → Why not consider …?
- → Why do people …?
- → Have you ever …?
- → What do you think about …?
- → Just try it!
- → It is the best!
- → It is amazing!
- → It is unforgettable!

- → Please remember to …!
- → Do not forget to …!
- → Talk to an expert about …!
- → Join us now!
- → Sign up now!
- → Order now!
- → Call now!
- → Schedule an appointment today!

Ü71 Lies diese Formulierungshilfen genau durch und markiere jene, die dir besonders gut gefallen und die du in deinem nächsten *leaflet* verwenden möchtest.

EIN LEAFLET ÜBERARBEITEN

 Ein Schüler hat zu folgender Aufgabenstellung ein *leaflet* geschrieben, welches noch nicht ganz gelungen ist. Bearbeite die Schülerarbeit! Als Erstes lies die **Aufgabenstellung** und die **Korrekturanleitung** genau durch!

Aufgabenstellung (writing task)

Your neighbor, who is bilingual, wants to give English courses for children aged 8–10 to prepare them for English lessons in secondary school. You have been asked to design a leaflet for parents who are interested in improving their children´s knowledge of English.

In your **leaflet** you should:

- describe the course
- emphasize the advantages the children will have at a secondary school
- describe the benefits for their future lives

Write about **250 words**! Divide your leaflet into sections and give them headings!

Korrekturanleitung: das leaflet inhaltlich, strukturell und sprachlich überarbeiten

Folgende Fragen musst du dir bei der Korrektur dieses Schülertextes stellen:

- Gibt es eine interessante Überschrift?
- Entspricht das Layout der Textsorte *leaflet*?
- Ist der Text in kurze Absätze gegliedert?
- Gibt es Abstände zwischen den einzelnen Absätzen?
- Gibt es einen guten Schlussteil?
- Gibt es interessante *subheadings*?
- Berücksichtigt die Verfasserin/der Verfasser die AIDA-Formel?
- Sind sprachliche Besonderheiten eingebaut? (Fragen, Befehlsformen, Steigerungsformen …)
- Gibt es Fehler im Ausdruck?
- Werden *bullet points* verwendet?
- Umfasst der Text die geforderte Wortanzahl?

1. unkorrigierter Ausgangstext des Schülers

How Young Children Can Improve Their Knowledge of English

Her English course is especially designed for young children who still go to primary school. You cannot find a better teacher than Mrs. Meyer. She has a lot of experience and patience. It takes
5 place every Monday from 3–5 pm. The focus will be on learning basic grammar rules, writing simple texts and practising short dialogues – everything you'll need in the first year of secondary school!
10 You are worried your kid might be overwhelmed? You do not have to be! Whenever your little boy or girl gets tired he or she can make a pause and play in the garden or in the playroom.
You do not have much money? Do not worry! It is
15 only five Euros per lesson. Sounds perfect – doesn't it?
These arguments will definitely convince you: Your child will not have difficulties with English at his / her new school, your child will have more
20 free time at secondary school. Listen to what experts say: Learning English as early as possible ....

- influences future perspectives in a positive way
- improves job perspectives later on in life
25 First lesson is free! Reductions for siblings!

(197 words)

Meine Randnotizen

2. Lösungsvorschlag

Fehlerhafte Textstellen

How Young Children Can Improve Their Knowledge of English

Her English course is intended for young children who still go to primary school.

Anmerkungen/Textkorrekturvorschläge

Titel ist zu lang und uninteressant! Die meisten Wörter werden in englischen Überschriften großgeschrieben:
Is Your Child Fit for English?

interessante Einleitung hinzufügen:
You want the best for your child, right? Are you worried your son or daughter might not be able to keep up with English at his or her new school? Then Alice Meyer's English courses are perfect!

You cannot find a better teacher than Mrs. Meyer. She has a lot of experience and patience.	*mehr Informationen anführen:* Why? Because she is not only bilingual but also the mother of two teenagers. So she is definitely an expert on the matter.
The focus will be on learning basic grammar rules, writing simple texts and practising short dialogues – everything you will need in the first year of secondary school!	*inhaltlicher Fehler:* your child will need
Are you worried your kid might be overwhelmed? You do not have to be!	*formelle Sprache verwenden:* offspring
Whenever your little boy or girl gets tired he or she can make a pause and play in the garden or in the playroom.	*kein englischer Ausdruck:* take a break
	positive Adjektive hinzufügen: … play in the wonderful garden or in the exciting playroom.
You do not have much money? Do not worry! It is only five Euros per lesson. Sounds perfect – doesn't it?	*keine Kurzformen verwenden:* Sounds perfect – right?
	subheading einbauen: Why wait?
These arguments will definitely convince you: Your child will not have difficulties with English at his / her new school, your child will have more free time.	*splitte den folgenden Absatz in bullet points auf, dann wird er übersichtlicher und kürzer:* These arguments will definitely convince you: • no difficulties with English at the new school • more free time for your children in secondary school
Listen to what experts say: Learning English as early as possible … • influences future perspectives in a positive way • improves job opportunities later on in life	*subheading einbauen:* Start now! *Überleitung einbauen! Beginne mit einer Frage!* Do you still have doubts?
First lesson is free!	*Angemessenen Schlussteil hinzufügen! Fordere die Leserschaft zum Handeln auf!* Sign up your children for Mrs Meyer's English course now! You will not regret it!
Reductions for siblings!	*kein englischer Ausdruck:* Discounts for siblings!
(197 words)	*geforderte Wortanzahl einhalten (+/– 10 %)!*

3. korrigierte Endfassung

Is Your Child Fit for English?

You want the best for your child, right? Are you worried that your son or daughter might not be able to keep up with English at his or her new school? Then Alice Meyer's English courses are perfect!

You cannot find a better teacher than Mrs. Meyer. She has a lot of experience and patience. Why?
5 Because she is not only bilingual but also the mother of two teenagers. So she is definitely an expert on the matter.

Her English course is especially designed for young children who still go to primary school. It takes place every Monday from 3–5 pm. The focus will be on learning basic grammar rules, writing simple texts and practising short dialogues – everything your child will need in the first year of
10 secondary school!

Are you worried your offspring might be overwhelmed? You do not have to be! Whenever your little boy or girl gets tired he or she can take a break and play in the wonderful garden or in the exciting playroom.

You do not have much money? Do not worry! It is only 5 Euros per lesson. Sounds perfect – right?

15 **Why wait?**
These arguments will definitely convince you:
- no difficulties with English at the new school
- more free time for your children in secondary school

Start now!
20 Do you still have doubts? Listen to what experts say:
Learning English as early as possible …
- influences future perspectives in a positive way
- improves job opportunities later on in life

Sign up your children for Mrs Meyer's English course now! You will not regret it!
25 First lesson is free! Discounts for siblings!

(274 words)

ÜBUNGSBEISPIELE LEAFLET

Beispiel 1

You are spending a year abroad at an English-speaking school and want to start a school band. So you decide to write a leaflet where you present and promote your ideas.

In your **leaflet** you should:

→ describe the new school band
→ explain what you expect from your band members
→ emphasize the benefits of playing in this band

Write about **250 words**! Divide your leaflet into sections and give them headings!

Tipps:

■ Kennst du eine Schulband? Spielst du eventuell ein Musikinstrument?

■ Welche Musikrichtung würdest du in einer Schulband bevorzugen?

■ Welche Argumente könnten dich dazu animieren, in einer Band mitzuwirken?

Beispiel 2

The headmaster of your school is looking for a partner school in an English-speaking country. You have been asked to prepare a leaflet to promote your school.

In your **leaflet** you should:

→ outline the benefits of your school
→ explain what is expected of your new partner school
→ describe the advantages of such a partnership with your school

Write about **250 words**! Divide your leaflet into sections and give them headings!

Tipps:

■ Schreibe auf, welche positiven Dinge dir spontan zu deiner Schule einfallen.

■ Was könnte an deiner Schule für eine Partnerschule interessant sein?

■ Was würdest du dir von einer Partnerschule erwarten?

SELBSTKONTROLLE

Kreuze bei folgenden Aussagen an, wie du dich selbst einschätzt.

	:)	:|	:(
Ich weiß, was ein *leaflet* ist (▶ S. 121)			
Ich weiß, wie ein *leaflet* gegliedert sein muss. (▶ S. 123)			
Ich weiß, was die AIDA-Formel ist. (▶ S. 121)			
Ich habe mir die Schritt-Für-Schritt-Anleitung gemerkt. (▶ S. 124–126)			
Ich weiß, dass ich die vorgegebene Angabe durchlesen und bearbeiten muss. (▶ S. 124)			
Ich habe mir mindestens 5 Formulierungshilfen gemerkt. (▶ S. 127)			

Platz für Notizen

GLOSSAR

Platz für Notizen

Platz für Notizen

Durchstarten Deutsch Textsortentraining. Übungsbuch

AHS 5.–8. Klasse / BHS 1.–5. Jahrgang

Jutta Hofer

170 Seiten, A4, 4-färbig
ISBN 978-3-7101-0783-2

Dieses Buch richtet sich an alle Schüler*innen und Lehrer*innen, die im Rahmen der standardisierten schriftlichen Reife- und Diplomprüfung (SRDP) in Deutsch mit den **sieben Textsorten** herausgefordert sind. Das **Arbeits- und Übungsbuch** wurde so gestaltet, dass die Schüler*innen eine „step-by-step"-Anleitung zum selbstständigen **Erlernen der Textsorten für die SRDP in Deutsch** bekommen und mithilfe von **praxiserprobten Beispielen** das Gelernte umgehend anwenden und ausprobieren können. Der neue Stoff wird somit in kleinen Einheiten aufbereitet und kann so leichter gefestigt werden. Das Buch ist auf der einen Seite **schüler*innenzentriert** aufgebaut, auf der anderen Seite auch als **Unterrichtserweiterung für Lehrer*innen** gedacht.
Lösungen, Lösungsvorschläge und Mustertexte können mittels Zugangscode gratis downgeloadet werden.

Aus dem Inhalt:

- Was wird bei der Deutsch Reife- und Diplomprüfung schriftlich von mir erwartet?
- Wie muss ich mit Operatoren umgehen?
- Mit welchen Beurteilungskriterien wird mein Text bewertet?
- Was ist eine Erörterung, ein Kommentar … ?
- Formulierungshilfen für alle Textsorten
- Wie kann ich meinen Text sinnvoll korrigieren?
- Maßgeschneidert für die Bedürfnisse zum Textsortentraining in der Oberstufe
- Leitfaden zur eigenständigen Erarbeitung der sieben Textsorten
- Optimal auf die Anforderungen der SRDP angepasst
- Schüler*innenzentriert aufgebaut und auf die Schüler*innen abgestimmt
- Jedes Kapitel enthält Sachinhalte, Schritt-für-Schritt-Anleitungen, Checklisten, praktische Tipps und Formulierungshilfen, Musterbeispiele und Übungen
- Praxisnahe, aktuelle Beispieltexte

Gemeinsam besser lernen mit …

Durchstarten Englisch Grammatik

Coachingbuch

AHS – 5. bis 8. Klasse/BHS – 1. bis 5. Jahrgang

Sonja Häusler, Katrin Pürer, Franz Zach

162 Seiten, 16,5 x 24 cm, 4-färbig
ISBN 978-3-7101-0233-2

Mit der *Durchstarten Englisch Oberstufen-Grammatik* lernen SchülerInnen grundlegende Bereiche der englischen Grammatik nicht nur strukturell im isolierten Satz zu beherrschen, sondern können sie auch im Kontext (*Language in Use*) anwenden. Dies dient sowohl der sichereren Verwendung grammatikalischer Strukturen im freien Schreiben als auch der zielgerichteten Vorbereitung auf die neuen, maturarelevanten Formate und Aufgabenstellungen bei der Zentralmatura.

Aufgebaut ist das Buch alphabetisch nach oberstufenrelevanten Grammatikkapiteln. Die theoretischen Erklärungen erfolgen auf Deutsch, damit auch schwächere SchülerInnen dem Inhalt und den Ausführungen folgen können. Die Grammatikübungen – nach Möglichkeit gegenüber den Erklärungen – dienen zur Verdeutlichung und Festigung (z.B. *Gap-filling, rephrasing, translating* oder *matching*). Daran schließen „Sprachverwendung im Kontext"-Übungen an, die den Formaten der Zentralmatura entsprechen (z.B. *Error Correction, Open-Cloze exercises* …).

Die Vorteile:
- Einfache Erfolgskontrolle durch das Lösungsheft mit Anmerkungen zu den Lösungen
- Erklärungen auf Deutsch
- „Sprachverwendung im Kontext"-Übungen zu den Formaten der Zentralmatura
- Differenzierung in Basic, Intermediate und Advanced
- Doppelseitenprinzip

Aus dem Inhalt:
- Adjective
- Adverb
- Conditional Clauses
- Gerund
- Infinitive
- Linking Words
- Modal Verbs
- Passive Voice
- Relative Clauses
- Reported Speech
- Tenses
- Mixed Tenses

Erhältlich direkt beim Verlag oder bei Ihrem Buchhändler

Bestellen Sie online, rufen Sie an oder schicken Sie ein Fax oder E-Mail:
Tel.: +43 732 776451-2280 · Fax: +43 732 776451-2239 · E-Mail: kundenberatung@veritas.at

www.veritas.at